MINI

MINI

O pequeno notável

GRAHAM ROBSON

Tradução de Marta Mello

EDITORA ALAÚDE

Título original: *Mini – A celebration of Britain's best-loved small car*

O texto deste livro foi fixado conforme o acordo ortográfico vigente no Brasil desde 1º de janeiro de 2009.

Produção editorial: Editora Alaúde

Revisão: Entrelinhas Editorial e Mariana Zanini

Consultoria técnica: Bob Sharp

Impressão e acabamento: Ipsis Gráfica e Editora

1ª edição, 2012

Dados Internacionais de Catalogação na Publicação (CIP)
(Câmara Brasileira do Livro, SP, Brasil)

Robson, Graham
Mini : o pequeno notável / Graham Robson ; [traduzido por Marta Mello]. – 1. ed. – São Paulo : Alaúde Editorial, 2012.
Título original: Mini : a celebration of Britain's best-loved small car.
ISBN 978-85-7881-113-6

1. Mini automóveis - História I. Título.

12-01091 CDD-629.2222

Índice para catálogo sistemático:
1. Mini automóveis: História 629.2222

2012
Alaúde Editorial Ltda.
Rua Hildebrando Thomaz de Carvalho, 60
04012-120, São Paulo, SP
Tel.: (11) 5572-9474 e 5579-6757
www.alaude.com.br

CRÉDITOS DE IMAGENS

Arquivo pessoal do autor: 6–9, 11–13, 15 alto, 16 alto, 17, 18, 20, 29 alto, 30, 32 abaixo, 34, 42, 44 centro, 46, 47 abaixo, 48 exceto abaixo esquerda, 49, 50 abaixo, 51, 53 alto e centro, 58 abaixo, 59, 60, 61 alto, 62, 63, 64 alto, 69 alto direita e abaixo, 76 alto, 79 abaixo, 80, 81 abaixo, 82–84, 89, 90, 91 alto, 92, 94, 96, 114, 116–119, 121, 124, 132, 133 alto, 134, 135–137, 138 exceto centro direita, 140, 145 alto, 147 abaixo, 148, 149, 153, 154–157
Arquivo BMW: 41, 44 abaixo, 47 alto, 48 abaixo esquerda, 50 alto, 52 abaixo, 104 alto, 144 alto, 145 abaixo direita e esquerda, 146 alto, 147 alto
Arquivo LAT: 68
British Motor Industry Heritage Trust: 14, 15 abaixo, 16 abaixo, 19, 21, 22, 24, 25, 28, 35 alto, 43, 44 alto, 58 alto e centro, 61 centro e abaixo, 64 abaixo, 66, 67, 69 alto esquerda, 74, 75, 76 abaixo direita, 78, 79 alto, 81 alto, 88, 91 abaixo esquerda e direita, 93, 95, 97, 99, 104 abaixo, 105, 108, 110, 111, 113, 120, 131 abaixo, 132 alto direita, 133 abaixo direita, 138 centro direita, 141–143, 144 abaixo, 146 abaixo, 150, 151
James Mann: capa, 33 abaixo, 37
John Colley: 26, 27, 29 abaixo, 31, 32 alto, 33 alto esquerda e direita, 35 abaixo trio, 36, 38, 39, 40, 70–73, 76 abaixo esquerda
Tom Wood: 2–3, 53–57, 86, 87, 98, 100, 101, 102, 103, 106–107, 122–123, 125, 126–130, 133 abaixo esquerda

Sumário

Introdução

O Mini original, projetado por Alec Issigonis, é um desses carros que mudou a cara do automóvel. Antes do Mini existiam maneiras convencionais, estabelecidas, de como um grande carro devia ser projetado – depois passou a existir "o jeito Mini" de projetar um carro. No espaço de uma geração automobilística, quase todas as fábricas estavam copiando a arquitetura do Mini e colhendo os lucros.

Com a chegada do Mini, tudo o que parecia certo na concepção de um carro mudou para sempre. Se voltarmos a agosto de 1959, quando o Mini foi revelado ao mundo, vamos ver que, de repente, todos os padrões estabelecidos ficaram obsoletos. Com seu motor transversal, tração dianteira e dimensões incrivelmente compactas, o Mini parecia contemplar tudo o que um carro devia ter.

Até então, muitos outros estilos de carro já tinham sido vistos, testados e incorporados pelas pessoas – motor dianteiro/tração dianteira, motor traseiro/tração traseira, motor refrigerado a ar ou a água –, mas ninguém nunca tinha experimentado um carro tão magicamente compacto como o Mini, com tal nível de excelência técnica e tal combinação de qualidades. E pensar que já fazia setenta anos que os mais variados tipos de carros vinham sendo comercializados mundo afora e nenhum tinha a configuração do Mini.

No final do segundo milênio, especialistas se reuniram para avaliar a história do automóvel no século XX e logo concluíram que os carros de maior impacto tinham sido três, muito diferentes entre si – o Modelo T, de Henry Ford, o Volkswagen besouro, de Ferdinand Porsche, e o Mini, de Alec Issigonis. Cada um tinha sido criado por um engenheiro que se recusou a seguir a tendência da época, e acabou criando uma nova, e todos tinham sido projetados para ter apelo popular, preço baixo e alto índice de vendas.

Não que o Mini fosse perfeito, muito menos o seu inventor. Ao longo dos anos, as habilidades de Issigonis como engenheiro automobilístico foram às vezes relatadas com exagero – afinal, ele era um homem arrogante e obcecado, sem disposição para acatar ideias de outras pessoas, tinha desprezo considerável por diretores preocupados com custos e colocava o conforto dos passageiros no final da sua lista de prioridades. Mas não resta dúvida de que a sua "Grande Ideia" – o Mini – era um conceito magnífico e eficiente de como os automóveis deviam ser feitos.

O destino, claro, tem muito a ver com o sucesso do Mini. Se o trabalho de Issigonis na Alvis não tivesse sido rejeitado, se ele não tivesse ido trabalhar na British Motor Corporation (BMC) em meados da década de 1950, se a Crise do Canal de Suez não tivesse ameaçado o suprimento mundial de petróleo em 1956 e se Sir Leonard "Len" Lord, da BMC, não tivesse desenvolvido ódio mortal pelos novos carros econômicos europeus da época, talvez o Mini nunca tivesse sido concebido.

Sorte nossa que Issigonis tenha sido incentivado a projetar o Mini na época em que o fez. O mérito é do presidente da BMC, um profissional dinâmico que tinha a visão e o poder executivo necessários para garantir que o Mini fosse aprovado e lançado. A confiança de Sir Leonard naquele engenheiro reservado, solitário e um tanto arrogante foi o que derrubou todas as objeções bitoladas de seus funcionários contra o novo carro.

Talvez por pura sorte, em 1957 Issigonis era, na BMC, a pessoa certa, no lugar certo, na hora certa, com os aliados certos, para realizar um milagre de engenharia. Mas Issigonis não tirou o Mini da cartola de mágico, houve uma pressão, um desafio. Em Longbridge, o trabalho em andamento estava focado em diferentes tipos de automóveis, mas foi uma diretiva específica de Len Lord – "Projete algo que dê uma rasteira naqueles malditos carros tipo 'bolha'" – que fez Issigonis botar a cabeça para funcionar.

Este livro, portanto, conta a história de um carro, sua longa carreira, e de como ele influenciou as linhas de outros carros no mundo todo. Procurei fazer não apenas um registro seco de datas de lançamento, números de chassi e especificações de potência, mas, sim, um relato de todos os fatores humanos e econômicos que levaram o Mini a manter suas vendas ao longo de 41 anos repletos de acontecimentos marcantes.

Na verdade, a história do Mini não é simples: tem mais a ver com marketing do que engenharia, e mais com política de comercialização e marca do que finanças. Embora o projeto, a apresentação, a estabilidade e a personalidade do Mini fossem incomparáveis, a maneira como a marca foi apoiada (ou até negligenciada) ao longo dos anos às vezes beirou o lamentável.

Esta história também mapeia a ascensão e queda da British Motor Corporation, a ascensão e queda da British Leyland, e a história bastante complicada das empresas que as sucederam, e que se desenrolou aos tropeços durante as décadas de 1980 e 1990.

Espero ter conseguido explicar no livro por que a política empresarial determinou que o Mini fosse produzido em dois lugares diferentes, comercializado sob diversos emblemas de marca e por que tantas melhorias essenciais nunca foram feitas ou o foram com décadas de atraso.

A produção do carro em Cowley foi interrompida em 1968 (para dar espaço ao Austin Maxi – um grave erro?), o Moke foi despachado para a Austrália no mesmo ano, os Mini-Coopers e as versões Riley Elf e Wolseley Hornet foram encerrados em 1969, e o Mini (enquanto marca) tomou o lugar dos modelos com emblema Austin e Morris também no final de 1969.

No primeiro ano completo (1960) seriam produzidos 116.677 Minis de todos os tipos, 318.475 unidades em 1971 (o melhor ano de todos) – mas a produção anual cairia abaixo de 200.000 em 1978, seria de 165.502 em 1979 e abaixo de 25.000 em 1993. Com vendas anuais abaixo de 15.000 um ano após a renovação de 1996, fabricar um Mini se tornaria um capricho. O fim veio em outubro de 2000, após uma produção de apenas 7.070 carros ao longo daquele ano.

Se a carreira do Mini fosse analisada por economistas – mais especificamente a forma como o carrinho pareceu entrar em declínio logo após ter atingido a produção de 5 milhões de unidades em 1986 –, talvez julgassem que deveria ter sido morto e enterrado ali mesmo. Porém o Mini nunca perdeu sua reputação de carro adorável e atrevido, que todo mundo identifica na hora em que bate o olho. E, afinal, será que todos os 5.378.776 proprietários poderiam estar errados?

Acima: Debaixo desse "glacê" todo, preparado para o mercado canadense, há um Mini. Mas será que a elegância atrevida do carrinho precisava ser disfarçada desse jeito?

À esquerda: Quando surgiu o boato de que o Metro iria substituir o Mini em 1980, a empresa agiu rápido para acabar com os rumores. E, de fato, o Mini continuou sendo fabricado por mais vinte anos.

Abaixo: No início dos anos 1970, a British Leyland escolheu um Mini Clubman para divulgar que tinha atingido a produção de 5 milhões de unidades com tração dianteira. Da esquerda para a direita aparecem Alec Issigonis, George Turnbull, Harry Webster e uma bela modelo.

Na página ao lado: Os Minis eram totalmente democráticos, agradavam a todo tipo de comprador. Para deixar isso claro, a Austin-Rover fotografou o modelo "Mayfair" do Mini, de meados da década de 1980, dentro de um elegante apartamento na área de Mayfair, centro de Londres.

MINI

Agradecimentos

Este livro vem se formando na minha cabeça há trinta anos, no mínimo – por essa razão, seria impossível listar todas as pessoas que me ajudaram a concretizá-lo. Desde que comprei o meu primeiro Mini, em 1960, e andei em um Mini-Cooper de rali, em 1963, praticamente todos os anos surgiu alguma novidade do Mini, ou alguma pessoa generosa ligada a essa novidade contribuiu para as minhas memórias sobre o carro.

Desta vez, no entanto, quero agradecer em especial aos cinco proprietários que emprestaram os carros muito bem conservados e restaurados que usamos para as fotos especiais de estúdio: Alastair e Sue Gray (850 De Luxe, de 1960), Garry Dickens (Austin Super Seven, de 1962), John Parnell (Mini-Cooper 970S, de 1965), Dave Naylor (Mini Moke, de 1965), Suzy Kinsman (Mini 1275GT, de 1978), e Steve Blacker (Rover Cooper, de 1990). John Colley, Tom Wood e James Mann realizaram um verdadeiro milagre ao produzir tantas imagens magníficas desses seis carros.

Agradeço ao British Motor Industry Heritage Trust em Gaydon por permitir que eu navegasse pelo seu website com imagens do Mini (agora digitalizadas) que eu nunca tinha visto. Em Gaydon, foram Julie Tew, Lynda Clarke e Richard Brotherton que me aguentaram, sem nunca reclamar dos meus palpites – Richard e Lynda, em especial, me indicaram fontes que eu achava não mais existirem.

Quero agradecer também a John Blunsden, que pesquisou a fundo o seu arquivo de fotos, para ajudar a preencher as lacunas históricas.

Depois que o Rover Group deixou de existir (faliu em abril de 2005), não ia ser fácil conseguir ajuda e informação sobre a empresa. Mas um milagre aconteceu – Kevin Jones, um sagaz especialista em comunicação, que sempre me manteve informado quando trabalhava em Longbridge, acabou me dando outras informações e orientação mesmo depois de ter mudado completamente de vida. Ian Elliot, outro funcionário de longa data da Longbridge, e atualmente prestigiado historiador, também doou generosamente o seu tempo.

Vários entusiastas do Mini tornaram possível a localização dos carros mais bem conservados, para serem fotografados – gostaria de agradecer especialmente a Chris Cheal, Kay Drury, Paul Hancox, Dave Hollis e Cliff Porter por terem me ajudado a achar esses carros.

Stuart Turner, Peter Browning, Bill Price e Basil Wales estavam sempre prontos para esclarecer minhas dúvidas sobre Minis no automobilismo esportivo. Todos ficamos encantados de ver que o interesse pelos Minis de corrida e rali nunca morreu e que o interesse por informações de arquivo continua a crescer.

Muitas outras pessoas me ajudaram ao longo desse tempo todo – já que o livro vem sendo amadurecido há tantos anos –, então, quero fazer um agradecimento coletivo a todas elas, por terem tornado a minha empreitada tão mais fácil.

Graham Robson, outubro de 2006

Na página ao lado: "Meu nome é Michael Caine". O grande ator inglês de cinema, protagonista do filme The Italian Job [Um golpe à italiana, 1969 – famoso pela emocionante sequência de perseguição com Mini-Coopers], posa ao lado de um Mini que ele autografou a fim de levantar fundos para um evento beneficente da ITV, rede de TV do Reino Unido.

À esquerda: Nas décadas de 1970 e 1980 foram lançados muitos Minis em edições especiais. A foto mostra o painel de instrumentos do 1100 Special Edition, de 1979. Hoje em dia há poucos "sobreviventes" desse modelo.

Projeto, desenvolvimento e produção

Antes de 1957, os carros britânicos eram bem tradicionais, antiquados até, sem nada de especial. Naquela época, menos de 5 milhões de carros circulavam pelas ruas, não havia um centímetro de autoestrada no Reino Unido e o conceito de possuir um "carro de entrada" em geral significava comprar um Ford Popular novo (mas estilo anos 1930) por 444 libras, um Austin A35 por 541 libras – ou adquirir um carro "bolha".

E o que era carro "bolha"? Na época, havia vários desse tipo rodando nas ruas, todos produzidos na Alemanha Ocidental: o Isetta, da BMW, custando 390 libras, o Heinkel Cabin Cruiser, por 399 libras, e o mais popular de todos – o Goggomobil T300 –, por 495 libras. Normalmente, esses carros tinham porta frontal, dois lugares, um barulhento motor de motocicleta adaptado, tração traseira e baixo desempenho. Mas eram econômicos e, na falta de algo mais barato, vendiam que nem pão quente. Se o interessado fosse persistente, conseguia achar um Reliant Regal de três rodas por 431 libras ou até um Bond Minicar por 304 libras – mas quem fazia isso geralmente estava trocando sua moto por um carrinho desses e nunca teria coragem de aparecer no clube de golfe a bordo dele. Bem, quem sabe uma vez, mas só uma...

Portanto, a maioria dos britânicos que compravam carros optava por um A35, um Morris Minor 1000 ou um Standard Eight, que viajavam a 100 km/h e provavelmente faziam mais de 10 km/l. Até aí, tudo bem – mas todos tinham suspensão dura, cabine apertada para quatro pessoas e comportamento dinâmico tradicional. Mas como a gasolina ainda custava 6 pence (centavos de libra) o litro – sim, era esse o preço – e havia revendedores Austin e Morris em todas as ruas principais, ninguém reclamava.

Só que havia um problema: a primeira Crise do Petróleo, a do Canal de Suez, em 1956, tinha acabado de acontecer, os estoques de gasolina estavam baixando e o governo britânico determinara o racionamento de combustível: com 45 litros por mês não dava para ir muito longe. Um imposto extra foi estabelecido enquanto durou o racionamento – houve quem apostasse que nunca mais seria extinguido.

Talvez esse estado de coisas fosse passageiro e talvez o futuro continuasse brilhando como sempre (foi o que aconteceu de fato, mas na época não dava para saber que seria assim), só que os consumidores entraram em pânico. Por um curto período, as vendas de carro caíram, os carros "bolha" ficaram ainda mais na moda e os fabricantes de automóveis britânicos tiveram que reagir.

O presidente da British Motor Corporation, Sir Leonard Lord, sabia que tinha que agir rápido. A BMC era a maior fabricante de automóveis da Grã-Bretanha, tinha muito a perder se seus carros A35 e Minor, de motor 1000, parassem de vender e precisava de novos carros econômicos com visual moderno. Foi então que esse energético presidente de empresa, que raramente consultava os colegas antes de tomar uma de suas decisões repentinas, moveu uma peça no tabuleiro.

Derrotando os carros "bolha"

O engenheiro Alec Issigonis tinha voltado para Longbridge fazia pouco tempo. Ele havia projetado o Morris Minor em meados da década de 1940 e depois tinha saído da Morris para trabalhar na Alvis. Nessa volta a Longbridge, sua equipe de projetos especiais era bem reduzida e estava trabalhando em um esboço amplo, sem muito foco, de ideias de longo prazo.

Em 1956, Issigonis tinha começado o XC9000, um carro de porte médio que era o ancestral genuíno do BMC 1800 (embora inicialmente com tração traseira): depois de passar por reengenharia para ficar com tração dianteira, tornou-se o XC9001. Em seguida, Issigonis focou sua atenção no XC9002, um carro menor, com motor transversal e caixa de câmbio diretamente acoplada a ele: esse carro acabou evoluindo até se tornar o BMC 1100.

Len Lord não tinha nenhuma dessas coisas. Embora já tivesse encomendado um estudo de carro "bolha" à equipe experimental de Charles Griffin, em Cowley, em março de 1957 ele invadiu o conclave de Issigonis (que ficava perto do seu escritório no prédio administrativo apelidado de "The Kremlin", em Longbridge), encostou o brilhante engenheiro na parede e disparou (provavelmente de forma curta e grossa, que era o seu jeito): "Largue tudo, recomece do zero e crie para mim uma coisinha minúscula capaz de derrubar os malditos carros "bolha". Para expulsar os 'bolhas' das ruas, temos que criar um excelente minicarro".

E assim nasceu o projeto do XC9003, para o qual logo depois foi atribuído o código de projeto principal ADO15, em que ADO significava Austin Drawing Office (Escritório de Desenho da Austin).

Era quase uma "missão impossível", mas não totalmente. Issigonis foi solicitado a construir o menor carro possível, mas com espaço para quatro passageiros adultos. Lord também havia dito que o novo carro teria que substituir o A35 e que Issigonis podia usar qualquer tipo de motor, isto é, desde que presente nas linhas de produção existentes...

À esquerda: A obra-prima anterior de Issigonis tinha sido o Morris Minor, um carro convencional de motor dianteiro/tração traseira, criado em meados da década de 1940. Esse Morris fez o nome do engenheiro – e o Mini, concebido posteriormente, consolidaria sua reputação para sempre.

Na página ao lado: O estilo atemporal do Mini era perfeito para 1960 e décadas subsequentes. Nenhum outro carro no mundo oferecia tanto num tamanho tão reduzido.

A reflexão de Issigonis

Talvez Alec Issigonis não fosse um engenheiro prático por excelência, mas é evidente que era inventivo. Duvido que alguém além dele fosse capaz de criar o Mini. Isso significa que era um gênio? Para os entusiastas do Mini, sem dúvida. Uma pessoa que reinventou o projeto inteiro do automóvel em si merece esse título. Antes do Mini, os carros eram grandes demais, pesados demais ou despojados demais. Depois do Mini e do motor transversal com tração dianteira, todos os carros anteriores ficaram obsoletos.

Não que Issigonis fosse perfeito, embora gostasse de pensar que seus produtos eram pura perfeição. Disse um colega de trabalho que o Mini era a sua "Grande Ideia" – bem, qualquer um ficaria orgulhoso de ter criado o Mini. Por outro lado, Issigonis raramente dava espaço para as ideias dos outros. Teimoso, certamente. Arrogante, talvez. Obcecado, sem dúvida. Mas gênio?

Em 1957, Len Lord podia imaginar à vontade um novo carro supereconômico, mas nunca teria chegado ao Mini sem Alec Issigonis. No máximo, teria conseguido uma versão atualizada, simples e sem graça, do A35 – e essa versão teria desaparecido ainda jovem.

Em vez disso, e tendo recebido carta branca, Issigonis reinventou o automóvel por inteiro. Len Lord queria o supereconômico? Sem problema, ele o teria, na forma de uma máquina pequena, leve, supereficiente. Queria um carro com capacidade real para quatro pessoas? OK para esse item também – mas teria que ser nos termos de Issigonis.

Para um engenheiro de mente reflexiva – e Issigonis era assim – esse projeto era o paraíso da engenharia. A única condição a ele imposta era usar um motor que já existisse na BMC – o que concretamente significava adotar a série A; o restante ficaria para o engenheiro decidir. Rob Golding escreveu sobre O Grande Homem: "Cara de gavião com olhar sensível, postura curvada, dedos longos e gestos expansivos – o próprio clichê do artista excêntrico".

Em 1957, depois de reunir alguns poucos – bem poucos – colegas engenheiros de confiança, Issigonis começou a trabalhar no novo projeto ADO15, em Longbridge. Jack Daniels, o engenheiro de chassis e suspensões que tinha ajudado Issigonis no Minor original (e num Minor experimental de tração dianteira), tornou-se o intérprete dos lendários esboços à mão livre do criador do Mini, enquanto Chris Kingham, um especialista em motores (tinha trabalhado com Issigonis na Alvis, em meados de 1950), trabalhava na configuração motor/transmissão. Charles Griffin tocaria o programa de desenvolvimento nas oficinas em Cowley.

Quando o trabalho começou, em março de 1957, "A Grande Ideia" já estava sendo delineada na mente de Issigonis. Ele sabia – definitivamente sabia – que a engenharia tradicional do tipo antigo – motor dianteiro acionando as rodas traseiras, com um volumoso túnel na carroceria para a árvore de transmissão – não daria conta do recado.

Laurence Pomeroy, que teve a colaboração de Issigonis quando estava escrevendo *The Mini Story*, em 1964, relatou: "Em resumo, ele imaginava uma caixa medindo 3 m X 1,20 m X 1,20 m, sendo que, no sentido do comprimento, 1,95 m seriam reservados aos passageiros e cerca de 50 cm ao porta-malas, restando não mais que 60 cm de espaço para montar o único motor possível. Tratava-se do motor da série A, que media 65 cm do radiador até a face anterior da caixa de câmbio..."

"Missão impossível"? Nem tanto, já que Issigonis trazia na lembrança que o Morris Minor experimental (que, na época, Jack Daniels usava como transporte pessoal!) de tração dianteira tinha motor transversal, o que fazia o compartimento do motor subitamente parecer um vazio profundo. De forma análoga, para produzir o menor carro possível com capacidade para quatro pessoas Issigonis tomou um chá de coragem, virou o motor de lado, cravou-o sobre a transmissão e optou por rodas dianteiras motrizes. De repente, ficou claro que o compartimento do motor podia ficar bastante compacto – largo porém curto – e, assim, a meta dos 3 m começou a parecer possível.

Mas seria preciso economizar cada milímetro dos elementos da cabine, suspensão e outros detalhes. Usando seu famoso talento para fazer esboços à mão livre, que eram depois interpretados pelos seus fiéis assistentes, isso foi conquistado.

À direita: Um dos primeiros esboços de Issigonis mostra que, em dado momento, o radiador seria montado à direita (durante testes, um giro de 180º na localização do motor transversal mudou também o lugar do radiador) e que ele considerou colocar o tanque de combustível na dianteira, atrás do motor, mas à frente da parede de fogo.

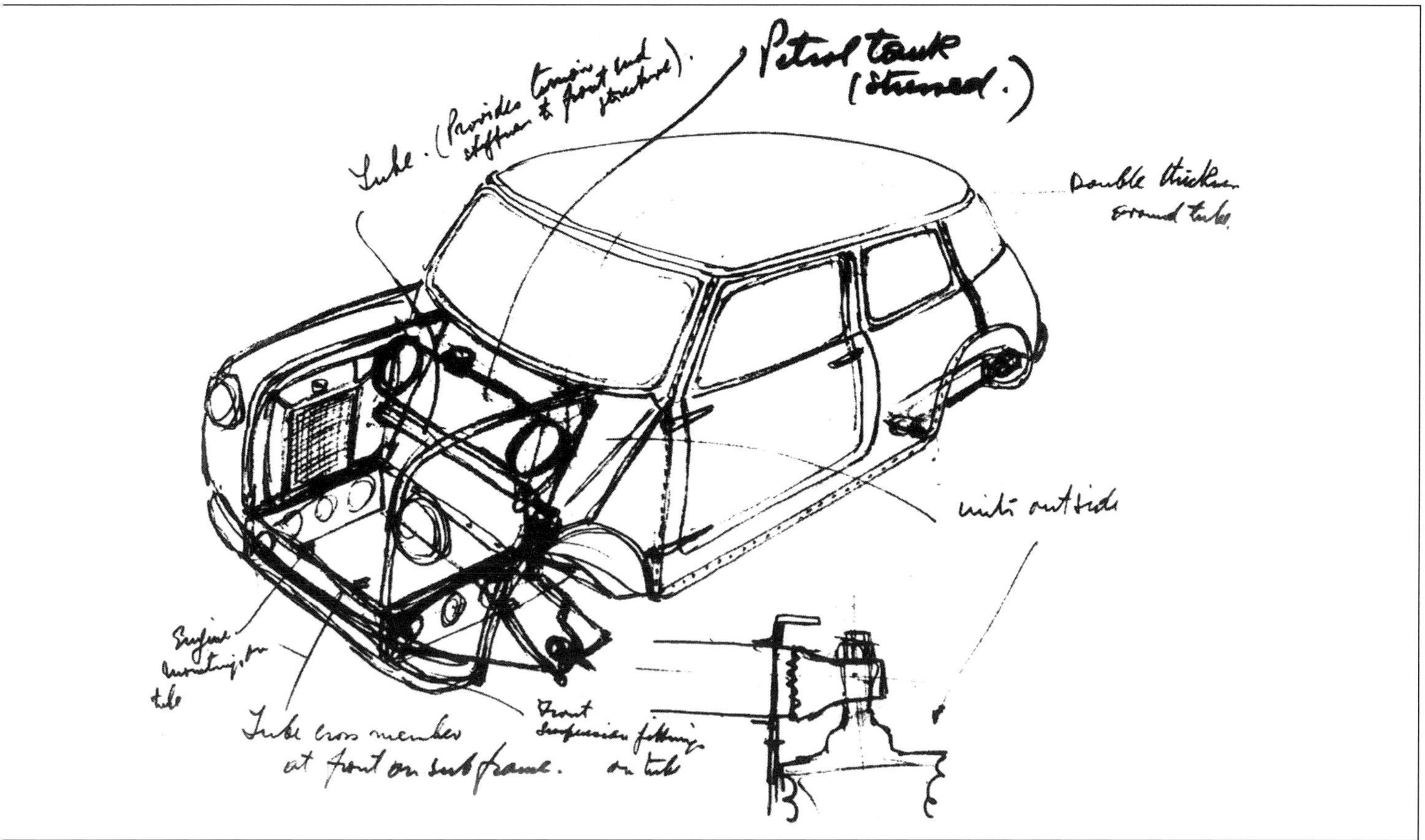

À esquerda: Antes de Issigonis criar o Mini, ele pensou longamente sobre a melhor maneira de fazer carros pequenos ainda menores. Suas conclusões, de que tais carros deveriam ter motor transversal e tração dianteira, estabeleceram um padrão que foi seguido por quase todo fabricante de automóveis sério na geração seguinte.

Um verdadeiro quatro-lugares

O carro que a equipe de Issigonis rapidamente definiu era um dos menores do mundo com capacidade para quatro pessoas. Mas não o menor de todos. Na Itália, o dr. Dante Giacosa, da Fiat, já concluíra o desenvolvimento do Novo 500, que tinha apenas 2,98 m de comprimento. Embora não acomodasse quatro pessoas de fato e o seu motor pequeno e ruidoso de 13 cv/479 cm³, refrigerado a ar, ficasse na traseira, o 500 era um carro prático e acabaria vendendo muito.

Mas Issigonis queria fazer algo muito melhor. Ele estava determinado a construir um carro no qual coubessem de fato quatro pessoas e não se identificava com carros de motor traseiro. Alguém tinha dito que carro com motor traseiro era "como atirar uma flecha com as penas apontadas para a frente". Talvez não tenha sido Issigonis quem disse isso, mas teria concordado. Resumindo, Issigonis decidiu fazer o ADO15 com tração dianteira. Mas se precisava de mais de 2,40 m de comprimento para acondicionar a cabine e o porta-malas, em quanto conseguiria reduzir o compartimento do motor?

Um parênteses: quando o Mini foi lançado, em 1959, a BMC produziu um simpático filminho promocional, usando imagens simples, que mostrava como Issigonis tinha desenvolvido o projeto. Tudo parecia muito básico e lógico, mas a verdade é que o processo real não tinha sido fácil – e o filme também não mencionava o Morris Minor experimental de tração dianteira criado anteriormente por Issigonis, que devia ter levado crédito como fonte de inspiração para a criação do Mini.

Os segredos da enorme economia de espaço do Mini eram a montagem do motor no sentido transversal, a colocação da transmissão sob o motor (e não em seguida a ele) e a opção pela menor roda possível, de 10 polegadas de diâmetro. Já que a caixa de câmbio podia ficar alojada embaixo, o conjunto motor-transmissão podia ser estreito – e também o carro.

Rodas pequenas significavam que pneus pequenos poderiam ser usados, e, consequentemente, as caixas de roda seriam pequenas – e tudo isso combinado invadia menos o espaço para os pés dos passageiros da frente. Como não havia transmissão nem árvore de transmissão sob o assoalho, ele podia ser quase plano. E, assim, de repente aconteceu um milagre de habitabilidade.

Carta branca na mão (exceto pelas metas rígidas de custo, que só por pouco eles não atingiram), a equipe também especificou uma suspensão independente nas quatro rodas, direção de pinhão e cremalheira e um desenho de bancos com encosto praticamente vertical, do tipo "sente-se e reze". Issigonis não dava importância para isso (uma vez tinha dito, arrogante, que "motorista deve estar desconfortável para permanecer alerta") e deixava para a equipe solucionar esse e outros problemas inevitáveis.

À direita: Apelidado de "Orange Box" (caixa de laranjas), este foi o primeiro protótipo funcional do Mini, com grade de radiador do Austin 35 e painel frontal reunindo capô e para--lama totalmente removível.

Abaixo: A maquete em tamanho natural do xc9003 foi construída em 1957, no início do processo de projeto e desenvolvimento – ainda totalmente vazio, mas dando uma boa ideia das proporções. Esse estilo de grade dianteira não sobreviveria a um exame da direção da empresa.

A construção dos protótipos

O milagre do Mini é que ele foi desenvolvido muito rapidamente e realizado de forma magnífica. Depois da largada em Longbridge, em março de 1957, em cerca de quatro meses a equipe de apenas nove pessoas (que tinha carta branca para tudo, exceto o motor) elaborou todos os esquemas e produziu uma maquete de madeira, em tamanho natural. Em outubro daquele ano, os primeiros dois protótipos estavam na rua, e, no verão de 1958, Issigonis achou que o projeto estava pronto para aprovação. Por sorte, ao que parece, e sem que seu criador tenha planejado originalmente dessa maneira, o Mini revelou-se um carro com melhor dirigibilidade e estabilidade do que qualquer outro carro de produção no mundo – o que era um enorme bônus.

Contudo, modificações foram necessárias ao longo do processo. Os primeiros protótipos tinham motor de 948 cm³ da

série A, cujo desempenho extrapolava o que Len Lord e Issigonis queriam (falava-se em 150 km/h – performance real do Mini-Cooper antes de o próprio ter sido inventado!), e eram montados com o carburador SU e os coletores voltados para a frente, o que causava muito problema.

Naquele ponto, a pressa em finalizar a engenharia era tanta que não se pensava em fazer nada além do carro econômico básico. As janelas das portas abriam e fechavam horizontalmente, em vez de subir e descer. A prateleira porta-objetos no painel era ampla e aberta. A bateria ficava no compartimento de bagagem, sob uma cobertura de borracha. Os carpetes ficavam apenas pousados no assoalho, não eram fixados (e molhavam-se quando água da chuva entrava pelas juntas do assoalho...). O botão de partida ficava no assoalho, atrás da alavanca de câmbio.

Em 1958, ainda não se pensava em fazer versões mais velozes (o Mini-Cooper só surgiria dali a três anos), nem Rileys e Wolseleys cheios de acessórios. E ainda levaria um tempo para aparecerem as versões furgão, perua e conversível. Naquele momento, a BMC planejava produzir apenas dois sedãs praticamente idênticos – Austin Seven (frequentemente divulgado como "Se7en", para fazer as pessoas se lembrarem do Austin Seven anterior à Segunda Guerra Mundial), em Longbridge, e Morris Mini Minor, em Cowley. Esses dois nomes seriam logo abandonados, mas o carro em si iria amadurecer.

Em julho de 1958, depois de dirigir um protótipo, em Longbridge, Len Lord tomou uma de suas famosas decisões repentinas e determinou que o carro deveria entrar em produção dali a doze meses. Na verdade, o assistente de Len Lord, George Harriman, e Issigonis talvez já tivessem se precipitado: sem aprovação prévia para iniciar a produção das ferramentas da carroceria do carro, certamente essa meta não poderia ter sido atingida.

Seja como for, atingiu-se a meta. O capataz Albert Green construiu o primeiro carro "off-tools" em abril de 1959 (hoje em dia seria chamado de "carro-piloto") e a produção em série começou no meio do ano. O Mini foi apresentado à imprensa em agosto, no campo de provas de Chobham – e os jornais estamparam as primeiras manchetes entusiasmadas.

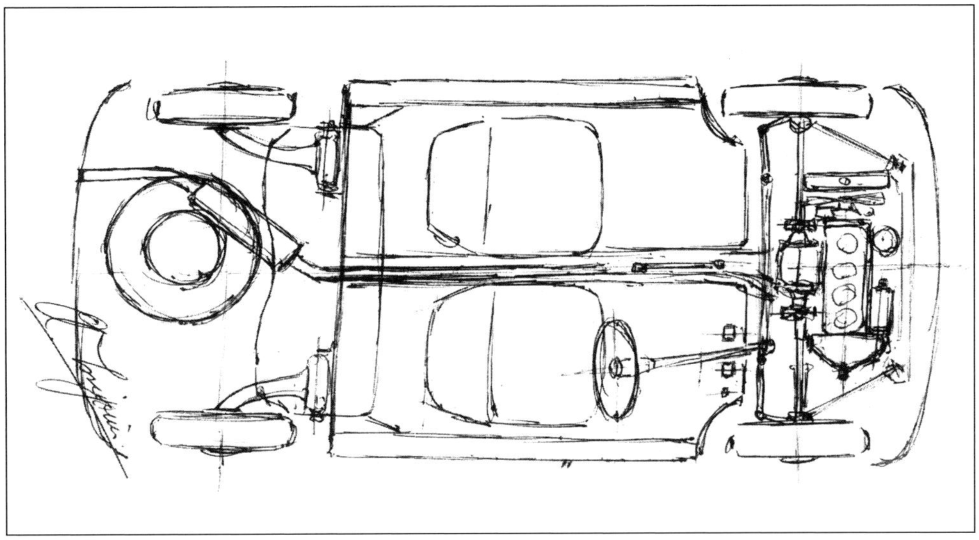

À esquerda: Quando o Mini estava pronto para ser lançado, Alec Issigonis deleitou-se em fazer um esboço do projeto, assinando-o como o grande artista que desejava ser. Todos os elementos estão presentes, mostrando como o novo carro tinha sido cuidadosamente pensado.

Motor e transmissão

Chris Kingham não conseguiu arrumar espaço para a caixa de câmbio ser acoplada ao motor transversal de 34 cv/848 cm³ (o Minor de tração dianteira, carro mais largo e com compartimento de motor maior, tinha sido feito assim), mas acabou achando lugar embaixo dele. Isso significava elevar o motor em vários centímetros e fazer com que motor e transmissão compartilhassem o mesmo lubrificante. Nada disso prejudicava a integridade do conjunto, mas muita gente achava que a solução de compartilhar o óleo não resistiria ao teste do tempo. Como em várias outras áreas, tratava-se de algo nunca tentado antes.... Os primeiros protótipos do Mini tinham

À esquerda: Uma rara visão da transmissão do novo Mini, com todas as marchas agrupadas sob o motor. A peça foi fotografada de baixo para cima, com o cárter removido.

Acima: Embora o Mini fosse equipado com o motor da série A, já existente em carros da BMC, a equipe de Issigonis conseguiu colocar debaixo dele uma transmissão compacta de quatro marchas, com o comando do câmbio e sua carcaça sendo um prolongamento da traseira do conjunto.

motor OHV (válvulas no cabeçote) de quatro cilindros, da série A, de 948 cm³, carburador e coletor de escapamento voltados para a frente do carro. Depois que testes durante o inverno mostraram que a formação de gelo no carburador su era um problema, o conjunto inteiro do motor-transmissão foi girado 180º (o carburador e os coletores passaram a apontar para a parede de fogo) e o radiador trocou de lado. Uma engrenagem intermediária extra foi adicionada à transmissão, entre o virabrequim e a árvore principal da caixa de câmbio, para assegurar que o carro continuaria se deslocando para a frente (imaginem só...). Além disso, o motor foi reduzido para 848 cm³ por meio de novo virabrequim que diminuía o curso dos pistões.

Acionar as rodas dianteiras através de semiárvores expostas não era complicado, mas prover juntas universais boas, de movimento suave, quase deixou a equipe inteira frustrada. Outros carros com tração dianteira (como o Citroën 2CV, por exemplo) tinham juntas universais que produziam reações indesejáveis no volante de direção: Issigonis queria evitar isso tudo.

Depois de muito teste, desenvolvimento e negociação, a solução foi usar uma junta inventada em 1926 por um tcheco chamado Hans Rzeppa, e que tinha sido inicialmente descoberta por Syd Enever, profissional com função correspondente à de Issigonis na fábrica MG, em Abingdon. Originalmente criada para ser usada em equipamentos de torre de controle de submarinos, a junta foi adaptada para o Mini – e a empresa Birfield foi contratada para fabricar milhões de unidades.

Suspensão e direção

Issigonis escolheu suspensão independente na dianteira e na traseira por muitas razões. A ausência de um eixo rígido pulando na traseira podia aliviar o problema da habitabilidade atrás. Além disso, se fosse construído um sistema modificado de suspensão por braço arrastado (sem braço transversal), o pequeno porta-malas podia ser mais largo e útil.

Mas, e as molas? Seduzido pelo seu próprio esboço à mão livre, Issigonis rejeitou a ideia de molas helicoidais e amortecedores convencionais e inicialmente pensou em usar o novo e complexo sistema Hydrolastic, desenvolvido pelo seu grande amigo Alex Moulton. A ideia foi inviabilizada pelo alto custo, e, então, o engenheiro retornou às molas de borracha cônicas. Amortecedores telescópicos convencionais foram colocados na dianteira e na traseira.

A rodagem talvez fosse dura (isso, no fim, acabou ajudando a proporcionar ótima estabilidade), mas o controle da suspensão era excelente. O sistema Hydrolastic acabou não sendo abandonado; foi apenas deixado de lado. Reapareceria, em 1962, nos Austin e Morris 1100, que eram carros maiores, ainda com tração dianteira, e passaria a equipar o Mini a partir do final de 1964.

Nos primeiros protótipos não havia subchassi dianteiro, o que finalmente teve que ser incluído, para reforçar a estrutura e os pontos de ligação da suspensão. Isso aumentou custos, peso e complicações. Issigonis lutou contra essas coisas todas, mas, no fim, as considerações práticas prevaleceram.

A direção de pinhão e cremalheira tinha funcionado tão bem na obra-prima anterior de Issigonis – o Morris Minor –, que também foi escolhida para o Mini. Essa direção era extremamente eficiente em termos de espaço, mas no incrivelmente compacto Mini foi colocada atrás do bloco do motor, sob a carcaça do diferencial. Gerações de mecânicos de corrida e rali viriam a amaldiçoar essa solução, porque trocar uma cremalheira torta ou danificada era difícil e demorado...

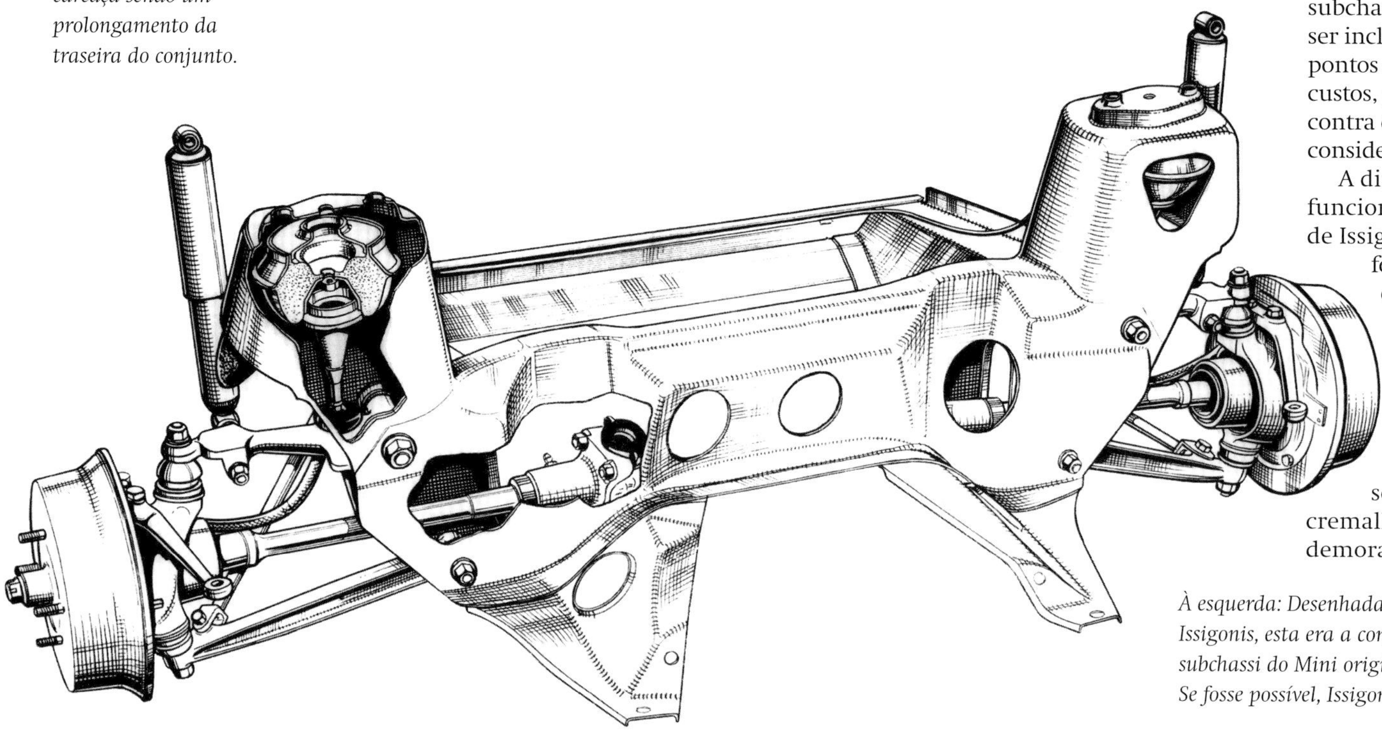

À esquerda: Desenhada por Jack Daniels, mas idealizada por Alec Issigonis, esta era a configuração da ultracompacta suspensão com subchassi do Mini original, incluindo as molas de borracha cônica. Se fosse possível, Issigonis gostaria de ter dispensado o subchassi...

Rodas, pneus e freios

Mas o grande avanço foi usar rodas de aço estampado bem pequenas – 10 polegadas de diâmetro por 3,5 polegadas de tala. A experiência mostrou que as rodas originais não eram tão robustas – as dos primeiros carros de corrida tinham a tendência de sair pelos prisioneiros de roda –, mas aço de bitola mais grossa logo resolveu esse problema.

Issigonis persuadiu a Dunlop a desenvolver pneus de 10 polegadas para o Mini, que passaram a ser os menores pneus do mundo em "carros de verdade" – 5.20-10. A Fiat, por sinal, usou pneus 5.20-12 no Novo 500, ao passo que no A35 tinha sido usada medida mais convencional, 5.20-13. Os freios eram a tambor de 210 milímetros de diâmetro nas rodas dianteiras e traseiras e, embora fossem adequados para lidar com o desempenho de 120 km/h dos Minis originais, John Cooper logo descobriu, quando começou a desenvolver o carro que viria a ser o Mini-Cooper, que esse tipo de freio se aquecia demais e logo perdia ação.

Como de costume, a alavanca do freio de estacionamento ficava entre os bancos – aliás, um mecanismo muito eficiente cuja importância é frequentemente esquecida. Quando o carro estava rodando com um ou dois ocupantes, ficava tão leve no eixo traseiro que bastava um puxão decidido na alavanca para provocar uma divertida "curva no freio" ou "cavalo de pau", façanha que todos os proprietários, incluindo o autor deste livro, adoravam demonstrar!

Estilo

Ainda que Alec Issigonis gostasse de se declarar contra estilistas e departamentos de estilo, quando se tratou da aparência de "seu novo filhote", ele quis que fosse a mais elegante e atemporal possível. A forma final do Mini, é importante salientar, sofreu fortes influências do departamento de estilo de Nuffield, em Cowley, não do departamento de Longbridge. Exceto pelo uso de uma gama de cores diferente e grades e emblemas Austin e Morris distintos, não havia quase diferença entre os carros fabricados em Cowley e os fabricados em Longbridge.

Embora o Mini tenha sido concebido em Longbridge, apenas a algumas centenas de metros do departamento de estilo da Austin, de Dick Burzi, as duas atividades foram mantidas bem separadas. Além do mais, apesar de Sir Leonard Lord já ter contratado uma dispendiosa consultoria de estilo da Pininfarina de Turim (o A40 de 1958 seria o primeiro carro a refletir aquela influência), não foi permitido que a firma italiana influísse na forma original do Mini.

Curiosamente, depois que o Mini estava totalmente desenvolvido, Pinin e Sergio Pininfarina viram o carro e foram solicitados a fazer comentários, que acabaram sendo só positivos – "Não mudem nada" foi o elogio final deles; e ninguém nunca mudou nada.

O Mini nasceu como um carro de aparência completamente funcional, mas o estilista que quisesse procurar uma pista poderia observar o Morris Oxford de meados de 1950 e enxergar a semelhança na posição e contorno dos faróis. Alguém disse (não pode ter sido Issigonis) que no ano 2000 o Mini parecia tão pertinente quanto em 1957, quando foi originalmente desenhado (apesar de muito pequeno, pois as expectativas dos consumidores mudaram em quarenta anos).

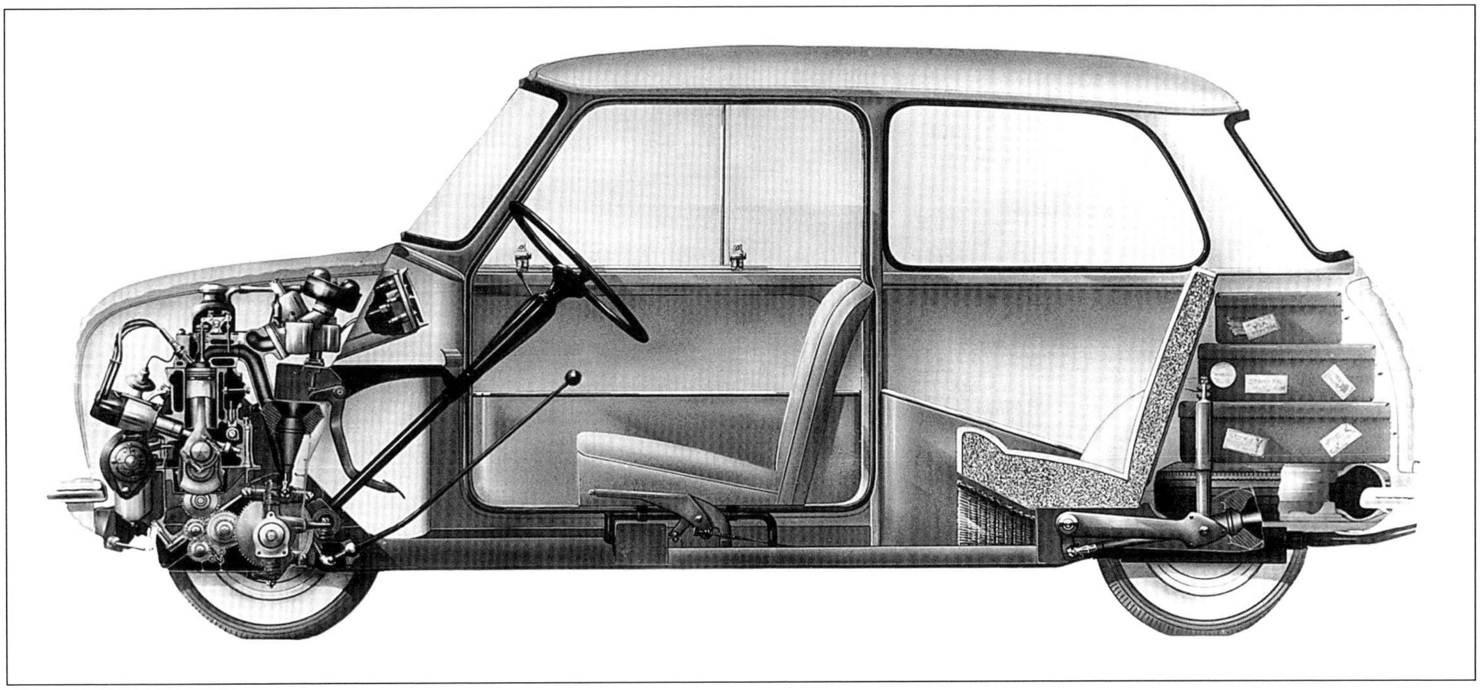

À esquerda: Corte da versão original do Mini de 1959, com o compartimento do motor ocupando muito pouco espaço. Mostra também que, dos 3 m do comprimento total, mais de 2,40 m foram reservados para acomodar passageiros e bagagem. Nos quarenta anos seguintes, essa configuração nunca precisou ser modificada.

À direita: Como o Mini era curto no comprimento mas amplo na largura, e cuidadosamente trabalhado no seu interior, a estrutura da carroceria era bem robusta. Esta carroceria nua mostra a engenharia básica de duas portas, com fendas para saída de ar do radiador para a caixa da roda esquerda.

À direita: A inconfundível carroceria do Mini, neste caso de um exemplar restaurado. As juntas de painel, aparentes e em ângulo, ligando a coluna do para-brisa ao arco da roda dianteira, viraram a sua "marca registrada" e foram mantidas na nova geração do carro, em 2000.

Carroceria

Puxa daqui, empurra de lá – os esforços para poupar centímetros, peso e volume foram todos concentrados na carroceria do Mini. Por menor que a cabine tivesse que ser, para Issigonis era imperativo que acomodasse quatro passageiros adultos. Rodas superpequenas (e estampados das caixas de roda também) e ausência de túnel de transmissão são dois fatores que ajudaram a tornar isso possível.

Ligando a dianteira à traseira, o sistema de escapamento era o único componente de tamanho considerável debaixo do assoalho – não havia caixa de câmbio atrás do motor, nem cardã, e, claro, nem eixo traseiro. Com tudo isso, o piso podia ser quase plano e o banco de trás, em particular, podia ser mais baixo que o

Acima: Este raro modelo seccionado de um Mini original realça as soluções admiravelmente eficazes do carro.

normal. A linha do teto foi ajustada para ficar adequada a isso. E havia as rodas pequenas, que podiam ser acomodadas dentro de caixas de roda menores que o habitual. Nos carros pequenos, com distância entre-eixos limitada, caixas de roda tendiam a invadir o espaço dos pés, mas no Mini esse problema era mínimo.

É interessante destacar que, na sua longa carreira, o Mini nunca precisou passar por um único teste de impacto contra barreira. Quando o carro foi criado, esses testes ainda não tinham sido inventados, e, quando surgiram, eram obrigatórios só para novos modelos. Por conta de seu porte diminuto, é quase certo que o Mini não teria passado em nenhum teste desse tipo. Na avaliação do Euro NCAP (European New Car Assessment Programme, Programa Europeu de Avaliação de Carros Novos), por exemplo, é possível que o Mini não recebesse nenhuma estrela e fosse imediatamente recusado. Bem, cada época com suas regras...

Não que Issigonis estivesse satisfeito. Para conseguir que o carro todo fosse menor no comprimento, ele deslocou os bancos para a frente, depois um pouco mais ainda, de modo que a postura do motorista no banco fosse bem mais vertical que o usual. Ao mesmo tempo, levou o volante mais para a frente e para cima, e aumentou o seu ângulo.

Gostou? Eu também não, mas de fato houve muita economia de espaço com isso. De qualquer forma, para Issigonis estava tudo ótimo. Tinha conseguido eliminar da carroceria mais comprimento, e, portanto, mais peso, o que era um objetivo seu de longo prazo.

E Issigonis conseguiu eliminar peso em muitos outros lugares. As portas tinham apenas a folha externa e porta-objetos na parte interna, com janelas corrediças na horizontal, sem mecanismo de abertura e fechamento vertical. O aquecedor (item opcional, por sinal) era aparente. Havia só um instrumento – um velocímetro com medidor de combustível embutido – e, em toda a extensão do painel, uma prateleira aberta e ampla, muito útil para colocar pacotes e outros pertences.

O sistema de ajuste longitudinal dos bancos dianteiros era simples ao extremo, sem mecanismo para reclinar o encosto, claro, e pouco acolchoamento. O estofamento do banco traseiro também era simplificado – mas isso dava bastante liberdade para armazenar coisas debaixo do assento. As janelas laterais traseiras não abriam nos primeiros exemplares. Tapetes de borracha? Bem, havia, mas não eram

Acima: Carro pequeno, compartimento de bagagem pequeno – não havia jeito de deixar o bagageiro maior. A solução de Issigonis foi articular a tampa na base e fazê-la abrir para fora, de modo que volumes extras pudessem ser carregados ali, se necessário. Na prática, isso não acontecia com frequência, porque prejudicava a estabilidade.

À direita: O Mini na linha de montagem de Cowley, um dos dois locais escolhidos pela BMC para construir o pequeno carro. Na linha paralela, o Morris Oxford tipo tradicional toma forma.

fixados no assoalho, apenas pousados. Não ficavam muito bem ajustados e com o uso enrugavam logo.

Na traseira, a tampa do porta-malas podia sustentar-se aberta com fios de sustentação, a fim de carregar mais volumes. Mesmo assim, o estepe e a bateria (para os quais não havia espaço de jeito nenhum na frente) ficavam no assoalho, cobertos apenas por um tapete: uma cobertura rígida passaria a existir com a chegada dos primeiros Mini--Coopers, em 1961, junto com outras melhorias de acabamento.

Mas funcionava esplendidamente bem. Quando foi lançado, o Mini tinha 3,05 m de comprimento e pesava 626 kg. O velho Austin A35, logo descontinuado, tinha 3,50 m de comprimento e pesava 673 kg. Fora isso, o Mini era mais veloz, mais econômico e tinha uma dirigibilidade melhor que a de qualquer outro carro de passageiros até então.

Bastou saírem os primeiros carros para que o mundo abraçasse o Mini. De um golpe só, o ADO15 de Issigonis mudou a cara do automóvel – para sempre.

Fabricando o Mini

Em 1958, quando Sir Leonard Lord aprovou o carro de Issigonis, a reforma das instalações para acomodá-lo em dois lugares já estava adiantada – Cowley (Morris) e Longbridge (Austin). Para os engenheiros de produção, uma coisa era usar a configuração do motor e transmissão de instalação transversal, outra muito diferente era ter que organizar o fluxo da linha de montagem de modo que as carrocerias fossem baixadas sobre os conjuntos motor-transmissão e o subchassi/suspensão traseira.

Áreas inteiras dos galpões de montagem de Cowley e Longbridge, da Pressed Steel, da Fisher & Ludlow, e as fábricas de carrocerias Longbridge West Works também tiveram que ser reformadas e reequipadas. Em Longbridge, por exemplo, o Austin A35 teria que ser retirado para dar lugar ao Mini e, com isso, começaram a sobrar carrocerias de Standard em Fisher & Ludlow.

Era o programa de investimentos mais caro já empreendido pela BMC, mas, aparentemente, não havia sido feito nenhum

Códigos de projetos de 1957 em diante

Código	Modelos e datas
xc9003	Projeto do carro Mini original, de 1957
ADO15	Mini Mk I e Mk II (1959-69)
ADO20	Mini Mk III e Clubman (de 1969 em diante)
ADO34/35/36	Projetos de carro conversível de dois lugares (1960)
ADO50	Mini-Cooper e Cooper S (1961)
ADO70	Cupê desenhado por Michelotti (1970)
ADO74	Modelo de substituição, mas cancelado (1972-74)
ADO88	Modelo de substituição (nome-código LC8, que veio a ser o Metro, 1974)

cálculo cuidadoso e detalhado sobre quanto custaria fabricar os carros. Len Lord, parece, estava muito mais interessado em derrubar o preço do carro Ford Anglia do que lucrar com o Mini de forma sensata – e foi Henry Ford II, entre todas as pessoas, quem acabou descobrindo que, na verdade, a BMC estava perdendo dinheiro com o Mini (ele comprou um Mini, desmontou-o parafuso por parafuso, desfez cada solda e fez seus próprios cálculos). Quando Ford falou educadamente sobre isso com Sir George Harriman, da BMC, ele respondeu, presunçoso, que sabia o que estava fazendo e que no fim tudo daria certo: evidentemente, ele teve que abandonar esse mantra depois que a BMC foi incorporada pela Leyland, em 1968.

A produção do Mini em dois locais diferentes foi resultado de politicagem interna na BMC. Sete anos após a fusão da Austin com a Morris não havia sinal de racionalização e os concessionários ainda competiam entre si em cada praça comercial.

Assim, desde o princípio a BMC planejou fazer o novo carro com dois diferentes emblemas e grades de radiador – um seria

À direita: O diretor executivo da BMC, Sir George Harriman (à esquerda), e Alec Issigonis admiram um dos primeiros Austin Se7en a serem concluídos em Longbridge, em 1959.

Acima: Os Minis fabricados em Longbridge sempre tiveram sua própria linha de montagem. Ao fundo, Austins A40 vão tomando forma.

›atizado Austin Se7en, o outro, Morris Mini Minor. Ficou decidido que os Austins seriam montados na fábrica do Austin, em Longbridge, enquanto as versões Morris seriam feitas na fábrica Nuffield, em Cowley, perto de Oxford. A distância entre as duas fábricas era de cerca de 100 km e não havia uma rede moderna de estradas conectando-as: as autoestradas M40 e M42, que hoje ligam as fábricas, só ficariam prontas na década de 1990.

(Não que essa política algum dia tenha sido rígida, porque, dependendo das encomendas, do fornecimento, ou da situação das relações industriais, um bom número de Austins era produzido em Cowley, e versões do Morris, em Longbridge. Mas, afinal, a BMC sempre tinha sido assim nos anos 1950 e 1960.)

Em função do grande volume de carros fabricados (em meados de 1960 eram mais de 5.000 Minis por semana), talvez essa política de produzir os carros em duas fábricas fizesse sentido, embora em alguns casos os principais componentes que eram aplicados nos carros viessem de uma única fábrica. Por sinal, naquela época (especialmente em Cowley) até um terço do total de carros novos da BMC era despachado como CKD (Completely Knocked-Down; completamente desmontados, jogos de peças) para territórios ultramarinos e fábricas, porque a montagem final – na Austrália, África do Sul e em outras regiões – era um alto negócio.

Aos poucos – bem aos poucos – essa complicada operação de montagem foi simplificada. Como já mencionado anteriormente, a fábrica de Cowley fechou em 1968, enquanto o último Moke montado no Reino Unido saiu de Longbridge naquele ano. Do final de 1969 em diante, uma racionalização adicional extinguiu o Riley Elf/Wolseley Hornet, de carroceria exclusiva, e introduziu uma especificação "Mini" genérica, no lugar de versões Austin e Morris independentes e apenas ligeiramente diferentes.

Embora o Clubman/1275GT de frente comprida tenha chegado a Longbridge no fim de 1969, todas as carrocerias eram fabricadas em West Works. Depois que os modelos Mini-Cooper e Mini-Cooper S saíram de linha na metade de 1971, a unidade de Longbridge finalmente se estabeleceu – os carros eram todos Minis ou Clubman Minis, nas versões sedã, sedã de frente comprida, perua, furgão e picape.

Fornecimento de carroceria

Em função dessa política de produzir os carros em duas fábricas, as carrocerias monobloco destinadas aos Minis (Morris) fabricados em Cowley eram produzidas pela Pressed Steel Co., de Cowley, cujas instalações ficavam separadas da fábrica de Cowley por uma rua movimentada: um transportador aéreo contínuo, acionado por corrente, movia as carrocerias de um complexo para o outro. Embora fosse ainda autônoma no fim dos anos 1950, em 1965 a Pressed Steel foi adquirida pela BMC e, em seguida, integrada à Fisher & Ludlow (para formar a Pressed Steel Fisher).

Longbridge, por outro lado, desde sempre pegava suas carrocerias de Mini sedã de dois fornecedores – da West Works de Longbridge e de uma subsidiária, Fisher and Ludlow, de Castle Bromwich, e foi essa iniciativa que supriu a grande variedade de estilos que se verificou no começo dos anos 1960.

Linhas de montagem de carrocerias de Mini tinham sido instaladas também em Longbridge West Works, situada do outro lado da rodovia A38, em relação à fábrica principal. De 1970 em diante (a instalação tendo sido erguida para ajudar a acelerar a montagem do Allegro), os dois prédios foram interligados por um transportador aéreo contínuo, por onde as carrocerias prontas eram movidas. Antes disso, o curto trajeto das carrocerias entre uma fábrica e outra era feito em caminhões! Imagine o congestionamento que isso devia causar...

Originalmente encarregada de montar o avião de caça Spitfire, durante a Segunda Guerra Mundial, a fábrica Fisher and Ludlow ficava a apenas 20 km de Longbridge, no limite nordeste de Birmingham – o que significa que todos os suprimentos de carroceria tinham que cruzar aquela cidade apinhada a bordo de caminhões.

Muitos anos após a British Leyland ter integrado a F&L à Pressed Steel, a empresa foi apartada para tornar-se fornecedora da Jaguar, onde, nos anos 2000, era feita a

Acima: Parte dianteira de carrocerias de Mini são fabricadas em Longbridge, no início do projeto.

Na página ao lado: A foto aérea de Longbridge nos anos 1960, tirada da face leste do complexo, mostra as duas imponentes construções que abrigavam as linhas de montagem – CABS, ou Car Assembly Buildings. O Mini foi projetado e desenvolvido na parte central direita do complexo, voltada para o gramado. O escritório de Len Lord ficava na construção apelidada de "The Kremlin", no extremo oeste da área de frente para gramado. West Works, onde eram fabricadas as carrocerias, não aparece na foto, mas ficava à direita.

montagem final do Jaguar modelos X e S, e dos cupês XK.

No meio dessa verdadeira teia de fornecimento, a Pressed Steel tinha também uma sólida e moderna estamparia em Swindon (cerca de 40 km a sudoeste de Oxford), que veio a fornecer a maior parte das chapas estampadas/ subconjuntos, tanto para Cowley quanto para Longbridge: nos anos 1980, quando a montagem do Mini estava concentrada só em Longbridge, 60% da carroceria do Mini era estampada em Swindon.

Componentes e montagem

A maior parte dos motores da série A era fabricada em Longbridge, ainda que uma parcela fosse também montada na antiga fábrica "Morris Engines" de Courthouse Green, em Coventry. O complexo conjunto de tração dianteira/transmissão era feito em Longbridge e em Drews Lane, em Birmingham (outra subsidiária da BMC). A partir de 1965, o câmbio automático, opcional, era sempre fabricado pela Automotive Products (AP), em Leamington Spa, que ficava a cerca de 40 km de Longbridge.

Embora a operação de Longbridge fosse bastante eficiente – com uma boa parte do Mini sendo manufaturado localmente ou sendo transportado de fornecedores dos arredores – Cowley acabou caindo em um limbo. A vizinha Pressed Steel supria-lhe as carrocerias via transportador aéreo, mas nada além de acabamento era feito em Cowley.

As unidades de montagem motor-transmissão – que chegavam a quatrocentas por dia, a partir da metade dos anos 1960 – eram transportadas de caminhão da área de Birmingham/ Coventry para a fábrica de Cowley, junto com outros suprimentos volumosos, como rodas, pneus, subchassis e unidades de suspensão, e freios. O fluxo de transporte da BMC nas estreitas estradas principais era constante e intenso – na A44, partindo de Evesham, e, em particular, na A423, partindo de Coventry –, o que deve ter acrescentado uma absoluta fortuna aos custos de transporte, tudo em função da tarefa de fazer as carrocerias de Mini chegarem até os transportadores aéreos.

Do ponto de vista econômico, e em termos de planejamento industrial, isso não fazia absolutamente nenhum sentido, até o momento em que alguém decidiu transformar a fusão da Austin com a Nuffield em uma união sensata. Em meados dos anos 1960, quando o Mini já estava no auge, nove famílias de carros diferentes (hoje seriam chamados de "plataformas compartilhadas") estavam tomando forma em Longbridge, e seis em Cowley, na maioria dos casos fabricados em dois locais diferentes.

O Mini continuou a ser produzido em Cowley durante alguns anos, sempre e apenas o sedã original de duas portas. Os outros derivados – Rileys e Wolseleys, sedãs e furgões, e as versões de frente comprida – eram fabricados em Longbridge. O último Mini fabricado em Cowley foi montado em janeiro de 1968, antes até da formação da British Leyland (quando finalmente houve uma boa dose de racionalização).

Nos dois casos, as carrocerias eram pintadas e parcialmente acabadas antes do início do longo processo de montagem, realizado em um dos dois CABS de Longbridge, ou na área de montagem final de Cowley, tantas vezes modificada e modernizada. Em separado, e antes de serem levados até as carrocerias, os motores eram unidos às transmissões e em seguida posicionados nos subchassis dianteiros, ao mesmo tempo que os subchassis traseiros também tinham suas unidades de suspensão aparafusadas no lugar. No momento certo, a carroceria pintada e parcialmente terminada era baixada sobre os subchassis corretamente espaçados, e, depois disso, a montagem prosseguia, da forma intensiva habitual.

Depois que o carro estava pronto e um breve teste funcional tinha sido feito no final da linha de montagem (breve mesmo, por conta da alta quantidade diária de unidades fabricadas), os carros ficavam estacionados no pátio, mas eram entregues o mais rápido possível. Embora os problemas de mão de obra e de fornecimento fizessem com que no auge (década de 1960) nenhuma das fábricas funcionasse por muito tempo próximo da sua capacidade projetada, bem mais de 10.000 veículos (Longbridge) ou 6.000 (Cowley) por mês estavam sendo concluídos. A BMC tinha que assegurar que os carros recém-fabricados fossem prontamente entregues, caso contrário as fábricas ficavam rapidamente lotadas de veículos encalhados! Não à toa um estacionamento de vários andares foi construído em Longbridge – bem ao lado das saídas dos CABS –, com capacidade para abrigar a produção de alguns dias, em caso de problemas na distribuição.

MINI MK I
1959–1967

1959–1961 Fabricando a família Mini

E foi assim que tudo começou. Carros-piloto foram produzidos em Longbridge e em Cowley, durante abril e maio de 1959, a rede de concessionários foi avisada, jornalistas mais destacados da imprensa especializada foram informados. Foi quando nasceu o fenômeno Mini. Motoristas maravilhados logo descobririam como um carro daquele tamanho podia ser tão bom de dirigir e tão incrivelmente espaçoso. Em agosto de 1959, quando a sensacional família Mini de tração dianteira nasceu, estabeleceram-se novos padrões automobilísticos, que o restante da indústria mundial passou anos tentando alcançar.

Há quem diga que a indústria nunca chegou lá porque o inspirado Mini de Issigonis tinha um algo mais que não dava para ser replicado. Quem sabe fosse a inventiva configuração, ou a dirigibilidade extraordinária, ou o estilo adoravelmente atrevido; provavelmente era uma combinação de todas essas virtudes.

Recepção favorável

O lançamento público do Mini deu-se no final de agosto de 1959, e a mídia recebeu muito bem os novos carros – há quase certeza de isso ter acontecido porque uma frota inteira de Minis foi distribuída entre os jornalistas mais prestigiados para testes de longo prazo. Talvez a BMC não tenha se dado conta na época, mas os carros foram licenciados todos juntos, em Oxford, com uma sequência alfanumérica que começava com as letras GFC. Não demorou muito para que os gozadores de plantão sugerissem que as letras queriam dizer "Gifts for correspondents" (Presentes para os jornalistas).

À direita: Alec Issigonis posa orgulhoso ao lado de um Austin Se7en, zero--quilômetro, em agosto de 1959, quando algumas unidades foram apresentadas à imprensa mundial, em Chobham.

As duas identidades do Mini

O Mini circula por aí há tanto tempo que até se esquece de quanto a sua especificação mudou ao longo dos anos. Suas soluções, o aproveitamento milagroso do espaço em 3 m de comprimento e a brilhante dirigibilidade foram mantidos – mas o equipamento e os detalhes de acabamento foram bastante alterados. Lá nos idos de agosto de 1959, os primeiros Minis vinham com dois emblemas diferentes – Austin Se7en (fabricado em Longbridge) e Morris Mini-Minor (fabricado em Cowley) –, e, embora fossem praticamente idênticos, eram vendidos com uma gama de cores diferente, emblemas diferentes e através de redes de concessionários diferentes. Como já era quase tradição na época, suas grades de radiador diferiam – a grade do Austin tinha uma trama ondulada como no A55, e a do Morris consistia de um padrão ranhurado mais acentuado.

Vale destacar a importância da estratégia de marketing paralelo da BMC na época. Naqueles dias, o grupo desfrutava de até 40% do mercado e havia milhares de casos – provavelmente mais de 3.000 – em que havia uma concessionária Austin na rua principal de uma cidade e outra Morris (Nuffield, mais provável) na outra calçada.

No alto, à direita: O Mini original, tal como lançado em 1959 (ainda há quem considere esse o melhor), com emblema Austin ou Morris. Essa era a versão Austin Se7en De Luxe, que vinha com janelas traseiras basculantes e a característica grade de radiador ondulada...

Abaixo: ... e esse era o Morris, cuja única diferença em relação ao Austin era a grade de radiador ranhurada.

À direita: A BMC *ficou tão orgulhosa do seu primeiro Mini, que ele se tornou permanente na coleção de patrimônio histórico da empresa. Quando Sir Alec Issigonis se aposentou, em 1972, foi convencido a posar ao lado do antigo carro.*

Preço do Mini e de seus concorrentes em 1959

Marca e modelo	**Preço básico em libras esterlinas (£)**	**Preço total com impostos***
Austin Se7en/Morris Mini-Minor	350	496 19s 2d
Austin Se7en/Morris Mini De Luxe	378	537 6s 8d
Citroën 2CV	398	564 19s 2d
Fiat 600	432	613 2s 0d
Ford Popular 100E	348	494 2s 6d
Ford Popular 100E De Luxe	363	515 17s 6d
Ford Anglia 105E	415	589 0s 11d
Ford Anglia 105E De Luxe	430	610 5s 11d
Morris Minor 1000 duas-portas	416	590 9s 2d
Morris Minor 1000 duas-portas De Luxe	436	618 15s 10d
Renault Dauphine	505	716 10s 10d
Triumph Herald	495	702 7s 6d
Volkswagen Beetle (Standard)	435	617 7s 6d
Volkswagen Beetle De Luxe	505	716 10s 10d

* s = shillings/xelins; d = pence/centavos

Para um consumidor individual, como eu, essa estratégia de marketing ajudava a sair para olhar as vitrines, checar os diferentes esquemas de cores, prazos de entrega e opcionais. Foi exatamente o que eu fiz quando comprei meu primeiro Mini-Minor, em 1960, em Coventry, e também em 1962, quando peguei um Super de Luxe com emblema Austin. Também é interessante lembrar que, na época, não havia a menor chance de negociar um desconto – o único jeito era tentar conseguir um crédito para a compra de peças.

Equipamento espartano

Esses novos carros eram mecanicamente avançados, mas originalmente tinham acabamento, equipamento e instrumentos bem básicos. Tecnicamente, nada no mundo chegava aos pés do projeto motor

Acima: Alec Issigonis não acreditava no estilo pelo estilo, por isso desenhou a chapa externa do Mini o mais rente possível à volta dos bancos, cabine, rodas e trem de força. Quantos carros nos anos 1950 tinham uma parte traseira tão encolhida?

transversal/câmbio dentro do cárter, suspensão de borracha cônica independente nas quatro rodas, direção de pinhão e cremalheira de incrível precisão, personalidade e dirigibilidade atrevidas – mas, quanto ao padrão de acabamento, praticamente qualquer outro carro podia se igualar a ele.

Não estou escrevendo isso do ponto de vista de hoje – quando todos os carros têm aquecedor (a maioria, ar-condicionado), janelas com abertura vertical, freios a disco nas rodas dianteiras, ABS, air bags e pneus radiais –, mas a partir de minhas memórias do período e pelo fato de ter sido proprietário de um dos primeiros Minis. Os que estavam procurando um carro novo no mercado – e isso me incluía, pois em março de 1960 eu estava para dar um Austin A35 1958 na troca por um Mini-Minor novo – tinham que entender a lógica por trás do radicalmente diferente Mini.

À esquerda: Num milagre de instalação, o motor série A pôde ser montado transversalmente no carro, com o radiador posicionado à esquerda na lateral do arco da roda e parte elétrica sensível à umidade, inclusive o distribuidor, voltada para a frente.

Com formas dadas por Issigonis e ajustadas pelo departamento de estilo da Cowley, o projeto original ADO15 foi mostrado aos Pininfarina, os novos consultores de estilo da BMC. A opinião deles foi: "Está ótimo – não mudem nada..."

À direita: Uma das versões iniciais do Mini tinha uma prateleira descoberta na região do painel, muito útil para colocar pertences mas impossível de ser mantida arrumada.

Não que faltasse algo nas especificações – é só que a BMC tinha alocado quase todos os seus recursos na avançada engenharia e Alec Issigonis não queria que a parte interna de um carro que ele tinha projetado fosse luxuosa. Pelos padrões atuais, pode parecer que o carro fosse pouco equipado, mas eu era um consumidor típico e quis trocar na hora meu A35 por um Mini. Esses dois carros tinham um equipamento que hoje seria considerado espartano, mas, na época, achei que estava sendo razoavelmente bem servido.

Naquele tempo, ninguém esperava que aquecimento fosse equipamento de série de um carro, ou lavador de para-brisa, ou rádio, ou porta-luvas, ou um conjunto completo de instrumentos. Talvez não nos dispuséssemos a gastar dinheiro para ter esses itens como opcionais, mas houve quem gastasse. De qualquer modo, em um Mini novo, alguns itens, como porta-luvas e instrumentos

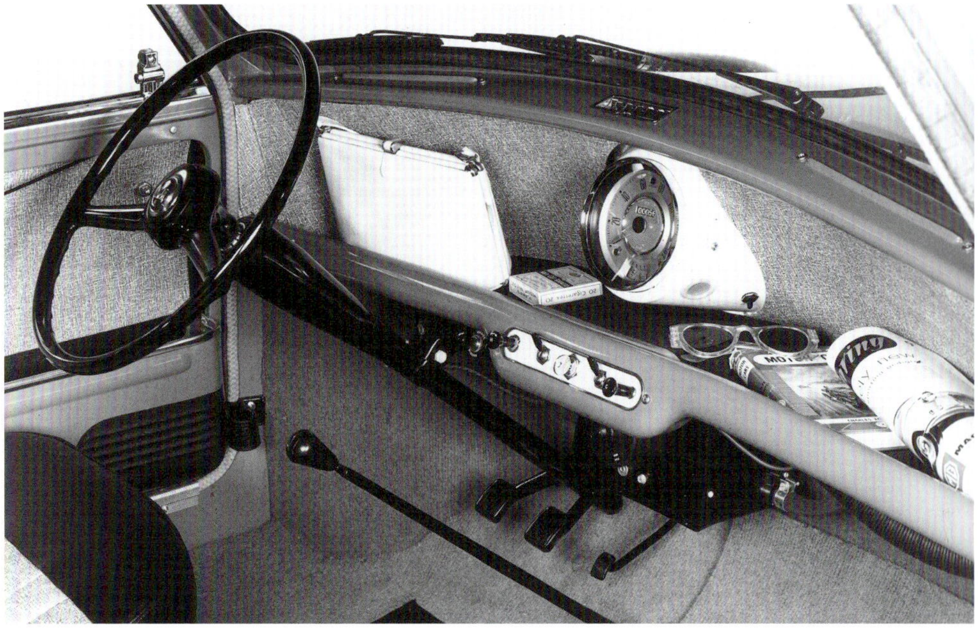

Na extrema esquerda: Assento e encosto de pouca espessura e otimização de cada centímetro cúbico garantiram bastante espaço na cabine. E os proprietários de Mini logo descobriram maneiras de acomodar bagagem sob o banco traseiro e nas cavidades de cada lado.

À esquerda: Vidros correndo na horizontal, em vez de janelas abrindo de cima para baixo, permitiram a criação de porta-objetos incrivelmente úteis nas portas. Litros de leite iam bem acomodados ali, mas para Issigonis era o lugar perfeito para garrafas de vinho.

adicionais, simplesmente não eram oferecidos. Gerentes de acessórios esfregavam as mãos, de olho no futuro, pensando nos lucros do mercado pós-venda. Poucos anos depois, toda uma nova subcultura de fornecedores ofereceria itens tão diversos quanto maneiras de alterar a inclinação da coluna de direção, acrescentar faróis auxiliares e luz de ré, trocar os bancos por outros mais confortáveis, além da venda de instrumentos extras, pedais de acelerador diferentes e até malas desenhadas para caber no diminuto porta-malas.

A ausência de equipamento básico em nada importava – quem buscava um carro econômico ficava enfeitiçado pela tração dianteira e pelo comportamento do Mini, e quem queria só um carro para a família, de manutenção barata, ficava maravilhado com o aproveitamento do espaço, com quanta coisa cabia dentro dele. E, só para relembrar, o Mini tinha apenas 3 m de comprimento, mas sua cabine era mais espaçosa que a do A35, era mais baixo e dava a impressão de que cada centímetro cúbico de espaço era utilizável.

Ficarão na memória os maravilhosos porta-objetos da parte interna das portas, que nenhum outro carro, por mais caro que fosse, parecia ter similar. Uma dona de casa podia levar litros de leite, um garotão podia colocar suas latas de cerveja, e Alec Issigonis, ou alguém da moda como ele, certamente transportaria garrafas de vinho ali.

Quem chegou a andar em um Mini original provavelmente se lembra de quanto espaço havia embaixo do banco traseiro para guardar coisas e do jeito como a tampa do porta-malas podia ser mantida aberta para

Abaixo: O Mini original – este é um Austin Super Se7en – estabeleceu novos padrões de utilização do espaço. Embora tivesse apenas 3 m de comprimento, com uma distância entre-eixos de 2 m, a cabine acomodava quatro adultos confortavelmente. Ou como colocou Alec Issigonis: "Concedi 2,50 m para os passageiros e a bagagem, mas apenas 45 cm para o motor e a transmissão".

À direita: Quando o Austin Se7en foi lançado, em 1959, a BMC fez esta surpreendente foto promocional, afirmando que todas essas pessoas e bagagens podiam caber dentro do Mini! Olha, eu sou publicitário e confesso que é difícil acreditar nisso – OK, talvez com a tampa do porta-malas baixada.

Abaixo: Se o formato das malas fosse escolhido com cuidado, dava para encaixar uma quantidade espantosa de bagagem no porta-malas do Mini original.

carregar ainda mais bagagem do que parecia possível. A BMC projetou cestas de vime que podiam ser deslizadas sob o banco traseiro, mas nunca chegou a colocá-las à venda nas concessionárias: e também nenhuma empresa chegou realmente a aproveitar esse nicho de venda.

(A propósito: quando a tampa do porta-malas estava baixada, ajudava bastante se a bagagem colocada ali fosse leve, porque a estabilidade do Mini ficava bem prejudicada com a traseira pesada!...)

A BMC, claro, tinha orgulho dessa capacidade do Mini, então publicou uma foto promocional, feita em estúdio, que mostrava o carrinho compacto rodeado de uma quantidade colossal de malas, maletas e bagagens de mão. Houve quem insinuasse que era impossível caber tudo aquilo no Mini e ainda sobrar espaço para os passageiros, mas a BMC insistia que cabia, sim, e que estava pronta para provar. A verdade é que ajudava muito se a bagagem fosse escolhida com critério.

Acabamento e variações: os primeiros anos

No começo, havia dois tipos de Mini – o Basic e o De Luxe, ambos com motor de 34 cv/848 cm³, especificação nunca alterada nos oito anos seguintes. Todos tinham janela com dois vidros nas portas, que era aberta deslizando-se horizontalmente o vidro móvel – uma das primeiras falhas que se constatou foi que, se chovesse dias seguidos, as vedações de feltro inchavam, fazendo com que um vidro prendesse no outro (isso aconteceu no meu primeiro Mini). Para abrir a porta por dentro puxava-se uma cordinha (verdadeiro retorno aos carros esporte fechados e abertos dos anos 1930).

Nos modelos Basic, a janela lateral traseira (em cada lado do banco traseiro) era fixa; no De Luxe, era basculante, mas com uma abertura apenas parcial, que proporcionava alguma saída de ar da cabine; a janela basculante era uma das

Com placa 621 AOK, este foi o primeiro Mini de linha produzido em Cowley, em meados de 1959. É uma versão Basic, com calotas pequenas, sem frisos nos arcos da roda e com janelas laterais traseiras fixas.

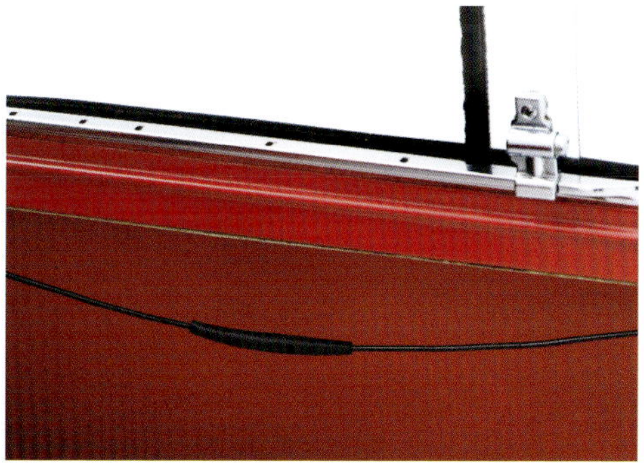

À esquerda: Na primeira geração de Minis, a fechadura dos vidros corrediços era bem simples.

No centro: Para diminuir custos e peso, Alec Issigonis colocou um cordão no interior das portas para abri-las. E por que não? Afinal, esse recurso já tinha sido usado em carros esporte tradicionais e famosos.

Ao lado: Os primeiros modelos De Luxe tinham janela lateral traseira basculante que abria alguns centímetros. Ela era à prova de roubo, fator muito conveniente, mas proporcionava pouca ventilação.

diversas pequenas diferenças que justificavam a disparidade de preço entre as duas versões do carro. Um Basic original custava 496,97 libras, e um De Luxe, 537,33 libras – em 2006, essa diferença de 40 libras seria de, no mínimo, 500 libras. A lista de itens opcionais era longa.

Na verdade, os modelos básicos sempre foram bastante raros. Se hoje em dia você vir um desses e ele estiver original, não terá frisos nos arcos da roda e nas soleiras, as calotas serão tipo "prato de sopa" e, obviamente, os tapetes do assoalho serão de borracha e o revestimento dos bancos terá cor única.

O De Luxe tinha carpetes de borracha soltos no assoalho (como não eram fixos, logo enrugavam, franziam e com frequência encharcavam de água, por conta de vazamentos no assoalho), revestimento bicolor nos assentos, acabamento geral ligeiramente melhor,

À direita: Mesmo os Minis mais baratos tinham um ótimo porta-objetos de cada lado do banco traseiro.

Abaixo: Planejamento de produto! O modelo De Luxe tinha "ornamentos de rodas" exagerados, mas o modelo básico vinha com calotas pequenas e simples, do tipo "prato de sopa".

supercalotas, frisos nos arcos de roda e soleiras – além de limpador de para-brisa.

Nos dois modelos, o painel de instrumentos se limitava a um mostrador único, com velocímetro e medidor de combustível embutido na parte inferior: e era só – não havia amperímetro, medidor de pressão do óleo, nem medidor de temperatura da água. Já o recém-obsoleto Austin A35 tinha tudo isso.

O botão de partida posicionado no assoalho, perto do calcanhar do motorista, era uma demonstração do pragmatismo de Issigonis – a equipe do projeto ponderou que, se o grosso cabo da bateria montada no porta-malas passava por ali, por que não colocar o botão perto dele, em vez de complicar e aumentar o peso, montando-o mais à

Acima: Como a bateria ficava no porta-malas e os cabos para o motor sob o assoalho, o botão de partida foi posicionado no piso. Só muitos anos depois foi substituído por partida acionada com chave.

À esquerda: Os primeiros modelos do Mini tinham uma estrutura para os instrumentos, no centro do painel, que alojava velocímetro, medidor de combustível e luzes (um tanto fracas), com interruptor lateral, para iluminar a prateleira para objetos.

À esquerda: Se para indicar que o pisca-pisca estava em uso era necessário uma luz intermitente, que lugar melhor para colocá-la do que na ponta da própria haste do pisca-pisca?

frente? Por outro lado, a alavanca de câmbio era uma haste longa, um tanto fina demais, especialmente considerando o recém-descontinuado Austin A35, cujo comando de câmbio era um ótimo sistema de controle remoto (por sinal, compartilhado com o Morris Minor 1000 e o carro esporte Austin-Healey Sprite)...

O carro vinha com preparação para aquecedor do tipo recirculação de ar, com uma instalação muito simples, montado na parede de fogo no lado do passageiro. Equipamento de série na versão De Luxe, o aquecimento era opcional nos modelos Basic: mesmo assim, a maioria dos carros era encomendada com aquecedor. Os primeiros Minis costumavam deixar entrar água pelo assoalho e pelos arcos de roda dianteiros, e as janelas deslizantes não eram totalmente à prova de vento, o que significa que o carro ficava gelado no inverno se não tivesse aquecedor – fora que o tal aquecimento não era tão eficiente assim...

Embora a estabilidade do Mini fosse melhor que a de qualquer carro de rua surgido antes dele, definitivamente o conforto do banco do motorista deixava a desejar. Os bancos dianteiros, naturalmente, tinham encosto fixo, e, ainda que pudessem ser ligeiramente basculados para a frente (no Mini, bancos dianteiros reclináveis viriam décadas depois) para permitir acesso ao banco de trás, não tinham ajuste de distância convencional, apenas um mecanismo simples de balanço, que permitia esse movimento de forma limitada.

A insistência de Alec Issigonis em prover uma configuração ótima de banco/acomodação levou-o a optar por bancos bem finos e encosto bem vertical. Como a coluna de direção tinha um ângulo bem mais para a vertical que o habitual – aproximadamente 45º, de acordo com os jornalistas da revista *The Autocar* –, frequentemente o motorista tinha a sensação de estar dirigindo um ônibus, sendo que os controles e botões do painel ficavam um tanto longe do alcance da mão. Mesmo assim, como sempre acontecia em relação ao Mini, essas e outras falhas acabaram sendo perdoadas pelas pessoas em geral.

O cinto de segurança não foi considerado e nem sequer havia onde fixá-lo – mas isso não tinha nenhuma

Abaixo: Apesar de o Mini ser curto no comprimento, a região dos bancos dianteiros era espaçosa, embora a acomodação do motorista não fosse ideal. Este Austin Super Se7en tem painel de instrumentos com três mostradores, como o Cooper.

A traseira do Mini recebeu muita atenção. A tampa do porta-malas tinha o tamanho maior possível permitido pelos engenheiros estruturais, o vidro traseiro era amplo e as rodas traseiras, foram levadas ao máximo até os cantos.

importância. Quando os Minis foram equipados com a primeira geração de cintos de segurança, sem enrolador, os proprietários logo constataram que era absolutamente impossível alcançar os botões do painel quando se estava afivelado.

O porta-malas parecia pequeno e era pequeno. Não só as extremidades eram bastante bem preenchidas, mas o tanque de combustível de 25 litros ocupava o lado esquerdo, o estepe ficava assentado no fundo, e a bateria Lucas de 12 volts, alojada numa bandeja no chão, à direita, com uma cobertura de moldado de fibra. Nos carros originais não havia cobertura alguma em torno do tanque de combustível e o estepe e a bateria ficavam cobertos por um tapete de borracha solto – nada rígido –, formando uma superfície bastante instável para receber malas grandes e pesadas. O tapete de borracha não era suficientemente resistente: em muitos Minis de especificação inicial, bagagens pesadas ou grandes demais faziam-nos parar na rua com curto-circuito nos cabos da bateria causado por peso em cima dela – sim, uma vez aconteceu comigo!

Assim, durante os dois primeiros anos (de agosto de 1959 até o fim de 1961) havia quatro diferentes sedãs Mini disponíveis no mercado – os modelos Austin e Morris, em versões Basic e De Luxe. Embora em 1959 tenham sido produzidos apenas 19.749 Minis de todos os modelos, a demanda chegou até o limite e continuou crescendo.

Ao lado: Para manter os custos baixos, nos Minis originais não havia partição para o estepe e o tanque de combustível. O tanque ficava exposto e o estepe era coberto por um tapete de borracha.

À direita: Os carros originais vinham com um kit de ferramentas bem básico, mas o macaco e a chave de roda eram muito eficientes.

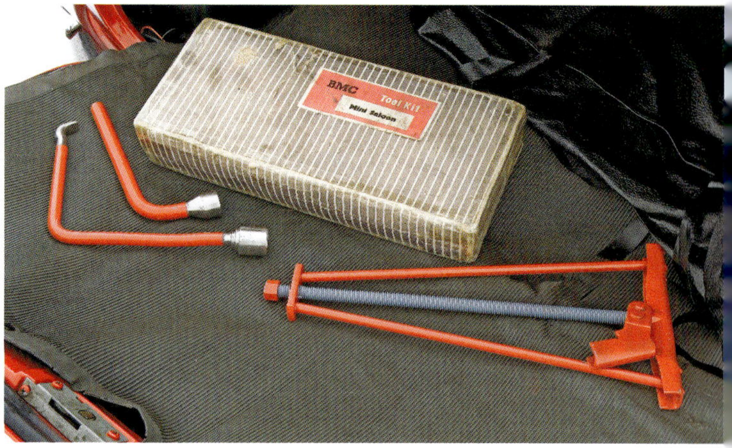

À esquerda: Assim eram os manuais de um Mini de 1960.

Na extrema esquerda: Em 1960, era uma felicidade possuir um Mini com grade de radiador exibindo o emblema AA. As pessoas faziam questão de encomendar uma ou outra marca achando que fossem diferentes. A foto mostra um Morris Mini-Minor De Luxe.

À esquerda: Esta bem conservada versão De Luxe de 1960 traz o detalhe interessante da roseta BMC, muito apreciada e usada na época como identificação dos carros da fabricante.

Desempenho do Mini e de seus concorrentes em 1959

Marca e modelo	Velocidade máxima (km/h)	0-96,5 km/h (segundos)	0-402 m (segundos)	Consumo (km/l)	Preço total (libras)
Austin Se7en/Morris Mini-Minor	117,5	26,5	23,3	14,2	537
Fiat 600	93,3	–	27,3	17,3	613
Ford Popular 100E	109,4	36,4	24,4	10,6	516
Ford Anglia 105E	123,9	29,4	23,0	12,7	610
Morris Minor 1000 duas portas	117,5	31,3	24,2	13,8	619
Renault Dauphine	105,0	43,9	25,2	14,5	717
Triumph Herald	112,6	30,4	24,3	11,3	702
Volkswagen Beetle	98,2	–	24,6	12,0	717

Acima: No Mini original não havia espaço sobrando no compartimento do motor – mas no futuro também seriam encaixados ali dois carburadores SU e um volumoso servofreio a vácuo. Alguém aí precisa de um abridor de latas?

À direita: O carburador SU não desfrutava de muito espaço nos primeiros Minis – ficava espremido entre o cabeçote e a parede de fogo.

Em 1960, seriam vendidos mais de 110.000 Minis de todos os modelos (incluindo as peruas e os furgões descritos mais adiante). Por volta de 1961, Cowley e Longbridge estavam produzindo mais Minis do que quaisquer outros carros, em função das políticas de preço absurdas da BMC, que pouco contribuíram para a lucratividade do grupo. A popularidade do Mini, portanto, se estabeleceu rápido, embora alguns dos primeiros carros tivessem graves falhas iniciais de projeto, como o motor não gostar de tempo muito chuvoso (qualquer borrifo de água fazia o distribuidor começar a falhar), assoalho que deixava entrar água, porta-objetos das portas que ficavam inundados depois de uma tempestade e vidros deslizantes das janelas laterais que tendiam a prender.

Peruas e furgões

Eis um mistério. Nos anos 1960 e 1970 foram fabricadas mais de 400.000 peruas Mini de todos os modelos, mas... quantas delas são vistas por aí hoje em dia? Era um grande pequeno carro, versátil, simpático – mas tenho a impressão de que a maioria já se encontra no grande "ferro-velho do céu". Um Morris Traveller ou um Austin Countryman em boa condição – especialmente o que tem revestimento de madeira – são hoje raridades.

O Mini foi lançado sem nenhuma versão perua, mas os planejadores da BMC já a tinham incluído no âmbito do "grandioso projeto". Afinal, em Longbridge o Mini estava substituindo o A35, que teve mais de 140.000 unidades de furgão e perua fabricadas, então, não havia dúvida quanto a isso. O Morris Minor Traveller, um carro maior, continuou sendo fabricado em Cowley. Entretanto, como se tratava da BMC e duas redes de concessionárias completamente diferentes tinham que ser atendidas, as vans e peruas sempre foram programadas para serem fabricadas com emblemas Austin e Morris.

Embora o Mini fosse uma obra-prima de habitabilidade, produzir uma perua razoavelmente eficiente a partir do pequenino sedã de duas portas era um desafio – ela poderia facilmente ficar curta e atarracada demais. No fim, as peruas (e os furgões, feitos paralelamente) viriam a ser cerca de 25 cm mais longas (e aproximadamente 50 kg mais pesadas), o que aumentou sensivelmente a capacidade de carga.

Assim, mesmo antes de o Mini ser lançado, a equipe de projeto de Alec Issigonis tinha desenvolvido uma versão da nova plataforma com maior distância entre-eixos, a ser usada como base de três modelos muito semelhantes: as peruas, os furgões e as picapes. No caso, primeiro foram lançados os furgões (em junho de 1960) e, três meses depois, as peruas. Tecnicamente, os dois modelos eram parecidos – mas nem tanto.

Embora nenhuma mudança tenha sido feita na configuração motor transversal-tração dianteira, nem na suspensão traseira de braço arrastado, a distância entre-eixos da plataforma de aço estampado foi encompridada em 10 cm. Da frente do carro até as extremidades das portas dos passageiros o estilo não foi modificado: dali para trás, os estilistas da BMC desenvolveram uma nova caixa quadrada e volumosa, que podia dar forma a um furgão puro e simples ou a uma perua pequena e elegante.

Na parte interna da carroceria, havia uma grande diferença entre peruas e furgões – nestes, atrás dos bancos dianteiros normalmente havia um assoalho metálico plano (efetivamente, um assoalho plano construído sobre a plataforma do chassi); já nas peruas, havia um banco traseiro inteiriço.

(Só para confundir o tema, a BMC logo passou a oferecer também banco traseiro/plataforma traseira de perua como um item opcional para o interior dos furgões – mas ainda sem janelas laterais. Esse era um modo de reduzir impostos somente no Reino Unido.)

Não apenas o banco traseiro podia ser rebatido – o assento dobrava para a frente, o encosto também e ficava plano – mas, como havia balanço traseiro maior nesta carroceria do que no sedã, isso aumentava a capacidade de carga. Com o banco traseiro rebatido, o comprimento da plataforma era de quase 1,22 m, a largura mínima de carga era de 86 cm, e o volume de carga total media 1 m³. A BMC declarou capacidade máxima de carga de 700 libras (317,5 kg).

Na parte traseira, a semelhança da perua com o furgão ficava bem evidente, já que ele tinha duas meias portas, em vez de uma – tal e qual o Morris Minor Traveller, mas diferente do Austin 35 Countryman, de porta única que abria lateralmente. Mesmo assim, as semelhanças com o furgão não pareciam lógicas – no furgão havia um novo tanque de combustível sob o assoalho, com o bocal de enchimento no lado direito, mas na perua (onde isso teria sido lógico) foi mantido o tanque como no sedã, na lateral do porta-malas (atrás de um painel de acabamento) e com a tampa do tanque à esquerda...

A graça do aspecto retrô desses carros quase idênticos é que a carroceria da perua tinha apliques de madeira polida. Porém, como a revista *The Autocar* bem observou na sua descrição, isso era pura decoração: "Na traseira da carroceria há detalhes em madeira polida... mas não fazem parte da estrutura, são apenas colados nos painéis..."

"Fora a grade de radiador diferente, o emblema no botão da buzina no centro do volante, e o emblema na traseira, as versões Austin e Morris são idênticas..."

Nomes diferentes, preços iguais: o Austin Se7en Countryman (que pegou do A35 o nome do seu modelo) e o Morris Mini-Traveller (como a perua Morris Minor 1000) tinham preço básico de 439 libras e, com o imposto de compra do Reino Unido incluído, custavam 623,04 libras.

Os carros eram todos equipados no padrão do De Luxe, com lavador de para-brisa e aquecedor como itens de série. Fora

Abaixo: O Mini Traveller era um veículo de carga pequeno e prático, mas claro que o volume que podia transportar era limitado.

o banco traseiro rebatível, havia outros toques interessantes, como janelas traseiras laterais deslizantes com tranca, portas traseiras com mecanismo automático para sustentá-las abertas, e um painel traseiro removível sobre o estepe.

Nos vinte anos seguintes, Minis versão perua, furgão e picape seriam produzidos continuamente em Longbridge, usando estruturas estampadas e montadas na ex-fábrica de carrocerias Fisher & Ludlow em Castle Bromwich. Hoje essa fábrica pertence à Ford (para uso do Jaguar) e fabrica o Jaguar nas versões sedã e cupê.

O desempenho da perua

Naquele tempo, ninguém parecia saber muita coisa sobre coeficiente de arrasto – pelo menos isso era raramente mencionado –, porque era evidente que a perua de traseira quadrada não funcionava tão bem quanto o sedã. Em sua edição de 23 de setembro de 1960, a revista *The Autocar* publicou seu teste de rua, registrando que o carro testado (com emblema da Morris) chegou a apenas 107,8 km/h, levou 21,1 s de 0 a 80 km/h, e precisou de 33,8 s para atingir 96,5 km/h – por outro lado, registrou um total de 13,6 km/l em todo o teste.

Como era um veículo que transportava carga – com carga máxima declarada de 317,5 kg –, os números relativos à aceleração também foram registrados com carga total, o que produziu um tempo bem dilatado, de 0-80 km/h em 24,4 s: 0 a 96,5 km/h nem foi registrado nessa condição!

De qualquer modo, os jornalistas de teste resumiram assim: "Ele já tem reputação de ser um grande pequeno carro e essa versão só vai melhorar essa avaliação. Para uso na cidade, ele continua sendo fácil de estacionar e é rápido no trânsito, em função das suas dimensões compactas..."

Abaixo: Colocado na parte de trás de um Mini Traveller, em 1960, este carneiro prova que... Bem, prova o quê, exatamente?!

Minifurgões: mais do que apenas veículos de carga

Quantas pessoas tiveram um furgão Mini antes de comprar um carro? Quantos converteram seu furgão em "perua" com janelas laterais, sem contar às autoridades? Quanta gente dormiu no furgão quando foi ao seu primeiro show de rock, em vez de armar uma barraca? Calculo um número surpreendente de pessoas.

Os furgões Mini, e também as picapes, sempre fizeram parte da estratégia de longo prazo do presidente da BMC, Sir Leonard Lord. A geração anterior de Veículos Comerciais Leves (Light Commercial Vehicles ou LCVS) – os derivados do Austin A35 e do Morris Minor – tinha sido bem-sucedida comercialmente e ele queria repetir a mágica.

Talvez não fossem tão glamorosos nem os mais rápidos, mas deixavam muita gente satisfeita, e tinham muitos usos. Se você ainda não está convencido, veja os números os clientes: os furgões e as picapes seriam fabricados por mais de vinte anos e, nesse período, seriam produzidas quase 580.000 unidades. Frotas inteiras eram vendidas para a AA (Automobile Association – Associação Automobilística), RAC (Royal Automobile Club – Automóvel Clube Real), correios e polícia.

Como já mencionado, a versão da plataforma com distância entre-eixos maior sempre foi pensada para ser a base de três novos derivados: a perua de quatro lugares, o furgão e a picape. Comercialmente, se justificava. Mais de 210.000 unidades da desajeitada van Austin A30/A35 e mais de 325.000 Morris Minor comerciais leves contavam sua história de marketing por si – eram baratos de fabricar e muito lucrativos.

Mas dessa vez não era tão fácil quanto parecia. Muitas novas chapas estampadas eram necessárias na plataforma e seção traseira alongadas, especialmente na versão picape, que precisava de um painel traseiro com janela própria, colocado em volta dos bancos dianteiros e, claro, uma tampa traseira própria.

Para poder transportar carga, foram colocados amortecedores traseiros mais longos e torres mais altas, suspensão mais dura e, quando estava sem carga, a traseira ficava um pouco mais alta. Havia um segundo assoalho de aço, na extensão toda, até as portas traseiras que abriam para fora (ou a porta traseira de abertura vertical, no caso da picape), com estepe, bateria e tanque

À direita: O Mini versão perua (Se7en Countryman ou Mini-Minor Traveller, dependendo do emblema) tinha distância entre-eixos 10 cm maior e traseira mais comprida – e é por isso que sempre vendeu bem. Os detalhes em "Genuína Madeira Inglesa" não eram essenciais para a rigidez estrutural –, eram mais uma reminiscência visual de estilos anteriores da BMC, como o Morris Minor Traveller.

de combustível ocultos. A tampa do tanque ficava rebaixada no painel traseiro lateral esquerdo da carroceria, característica não compartilhada com as peruas, cujo tanque ficava no painel lateral direito.

Embora fosse o menor furgão do mercado britânico – em tamanho e capacidade de carga – a demanda era vigorosa. O espaço de carga máximo era de apenas 1,40 m de comprimento por 1,36 m de largura: a carga máxima declarada pela BMC era de apenas 560 lb (254 kg, menos que as 700 lb/317,51 kg das peruas).

O estilo e o equipamento desses veículos comerciais leves era básico. A frente do carro da Austin e da Morris tinha grade de radiador estampada e pintada e havia partes de metal pintado na cabine. Espelho retrovisor externo de cada lado era item de série, mas não havia um no interior. No teto, uma abertura para ventilação, do tipo do Austin A35, se tornou equipamento essencial nos glamorosos carros de rali Austin-Healey 3000 da equipe de fábrica! Furgões e picapes que vieram depois tinham para-choques nos cantos traseiros, embora as primeiras picapes tivessem para-choque inteiriço.

Acima: Para contornar as leis da Fazenda britânica e a cobrança de impostos, a BMC fez um banco traseiro como acessório do furgão Mini. Só que o passageiro sentado ali não podia apreciar a vista externa, porque o furgão não tinha janelas laterais...

Velocidade ou legalidade? – um dilema

Ao comprar um furgão ou picape, o consumidor tinha que superar alguns senões (como a velocidade máxima permitida, de 65 km/h!). O escritor Laurence Pomeroy, que era consultor de Issigonis, resumiu o tema de forma elegante: "Em sua sabedoria coletiva, os Ministros de Sua Majestade decidiram que furgões, sendo veículos de trabalho, não devem ser sujeitos ao imposto de compra. Isso permite ao cidadão adquirir por 360 libras um veículo que vai além de 112 km/h, tem suspensão totalmente independente, dirigibilidade soberba e bancos confortáveis. Uma oportunidade de ouro! É verdade que, antes da inauguração da autoestrada M1, essa velocidade era quase 50 km/h acima da permitida legalmente e que a visibilidade traseira era limitada pela infelicidade de que janelas laterais imediatamente atrairiam imposto de compra, bem como o custo de instalá-las..."

Não que a maioria dos compradores se importasse ou se indispusesse com as autoridades – afinal, naquela época a polícia britânica tinha uma atitude mais liberal, de maneira que o tráfego continuasse fluindo. Anos mais tarde, claro, a lei foi modificada e todos os limites de velocidade subiram.

A BMC logo se curvou ao apelo popular e comercializou um conjunto de conversão, para transformar o furgão em um carro de quatro lugares (sem janelas laterais!), por meras 15 libras: na verdade, esse conjunto usava peças da perua, cujo assoalho e banco traseiro eram estruturalmente idênticos, embora sua instalação exigisse grandes mudanças na acomodação da bateria e no posicionamento do estepe do furgão.

O fato é que, embora desenvolvidos como veículos comerciais, esses automóveis tinham dirigibilidade tão boa quanto os sedãs e manutenção igualmente barata. Sim, eram ainda mais barulhentos, e mais gelados e ventosos no inverno, mas a maioria dos consumidores relevava tudo isso em função do baixo preço de venda.

Na verdade, a picape nunca chegaria a vender tão bem quanto o furgão, porque um produto assim não conseguiria ser economicamente viável por si só, sem o suporte das vendas do furgão e da perua. O furgão continuaria vendendo bem até o começo dos anos 1980.

Mini 850 no automobilismo

No início, pouca gente achava que o Mini original teria sucesso no automobilismo. Era nitidamente muito lento para ser um vencedor logo de saída e, embora tivesse uma dirigibilidade soberba, isso não compensava a falta de potência. Os carros dos primeiros tempos logo apareceram nos ralis britânicos, nos quais sua dirigibilidade e tração às vezes ajudavam a compensar a velocidade máxima não muito superior a 110 km/h, mas ficava claro que não se davam bem na montanha ou em circuitos de alta velocidade.

Em Abingdon, o departamento de competição parecia não estar muito interessado no Mini. Marcus Chambers, o chefe da equipe, observou tempos depois no livro *BMC Competitions Department secrets*: "Um Mini 850 foi entregue... O carro ficou vários dias parado no estacionamento e ninguém teve pressa em dirigi-lo. Com efeito, Dougie Watts, renomado professor da Universidade de Sheffield, conta que um dia teve que dar uma passada na cidade, na hora do almoço, e aproveitou para olhar carros para comprar. Olhou bem o Mini e... acabou comprando um Healey..."

À direita: Nas horas de folga, os engenheiros da MG, em Abingdon, construíram o ADO34, esse intrigante conversível derivado do Mini. Foi produzido um só exemplar, que sobrevive até hoje.

Mesmo assim, os departamentos de venda da BMC pressionaram Abingdon para desenvolver carros preparados de fábrica, que acabaram sendo feitos depois de uma relutância inicial. Embora os novos câmbios de tração dianteira tenham se revelado incrivelmente sensíveis depois de os motores terem ganhado potência, ninguém tinha previsto a fragilidade das rodas de aço de especificação original.

Como os regulamentos de homologação da FIA (Federação Internacional do Automóvel) estabeleciam que o carburador SU único e o coletor de admissão fundido tinham que ser mantidos, mesmo que fossem usados cabeçotes modificados Weslake (e, mais tarde, Don Moore), era difícil extrair muito mais que 50 cv do motor, mas isso costumava ser o suficiente para acabar com retentores e embreagens. Com

pequenos pneus de competição Dunlop montados em rodas de série para as provas em circuitos, logo ficou evidente que as rodas dianteiras quebrariam na região dos parafusos de roda, o que efetivamente aconteceu, na frente do público, na corrida de regularidade de seis horas do 750 Motor Club!

O primeiro carro de fábrica inscrito em um rali foi o de Marcus Chambers (um homem grande em um carro pequeno!), no Rali Viking, na Noruega, em que chegou em 51º lugar, enquanto a primeira vitória em casa foi de Pat Moss/Stuart Turner, no Rali Knowldale CC Mini Miglia. As vitórias na classe em nível internacional demorariam para acontecer.

Os primeiros Minis inscritos em ralis não tiveram sucesso – RAC ou Portugal, em 1959, Monte Carlo, Genebra, Tulipas ou Acrópolis, em 1960 – principalmente porque os pequenos Minis eram ultrapassados com folga pelos Saab 96 de fábrica. Daí veio Tom Broke e quebrou o gelo com uma convincente vitória na classse no Rali Alpino francês de 1960 (com montanhas altas e tudo...), enquanto, em novembro, David Seigle-Morris e Mike Sutcliffe terminaram em sexto e oitavo na classificação geral do Rali do RAC. Mas esse foi o auge, porque, em 1961, houve apenas mais uma vitória na classe (de Peter Riley, no Rali das Tulipas) para somar à pontuação.

Abingdon não dava patrocínio direto de fábrica aos Minis 850 originais de competição, mas dava apoio efetivo, orientação técnica, e fornecia peças especiais para motor e componentes de chassis reforçados para pilotos particulares que desejavam correr.

Embora fosse um tanto inesperado, Sir John Whitmore usou o seu próprio 850 que pertencera à equipe de fábrica para vencer o campeonato BRSCC British Saloon Car Championship (Campeonato Britânico de Turismo), em 1961 – não vencendo corridas, mas ganhando consistentemente na classe de cilindrada de 1-litro e porque tirou o melhor partido possível do sistema de pontuação. Foi nessa época que a lendária técnica de Whitmore de dirigir de lado foi vista pela primeira vez.

Tudo isso, claro, era modesto comparado ao que viria a seguir. Quando o Mini-Cooper surgiu, o interesse da Abingdon no pequeno carro de tração dianteira aumentou consideravelmente.

Acima: Embora os Minis originais tivessem uma estabilidade sem igual, não eram velozes o suficiente para disputar os ralis internacionais da época. Este era o famoso Mini-Minor de David Hiam, inscrito como particular, acelerando no rali do RAC de 1961.

À direita: As primeiras fotos promocionais do Mini 850 mostravam modelos vestidos de maneira convencional. A imagem charmosa do Mini surgiria anos depois.

Hora de mudar

Dois anos depois que esse revolucionário novo modelo foi lançado, não menos que oito diferentes derivados estavam no mercado. Os concessionários Austin e Morris podiam vender sedãs Basic e De Luxe, peruas de três portas e furgões. No outono de 1961, entretanto, tudo isso estava para mudar. No fim do ano, com mais de 3.000 carros sendo produzidos por semana nas fábricas de Longbridge e Cowley, a lista de oito derivados tinha subido para catorze.

Especificações originais do Austin Seven e do Morris Mini-Minor

MOTOR

Descrição
Motor de quatro cilindros em linha, com bloco e cabeçote de ferro fundido. Comando de válvulas no bloco acionado por corrente, válvulas no cabeçote operadas por varetas. Câmaras de combustão em formato de coração. Pistões de liga de alumínio, bielas de aço forjado. Virabrequim com contrapesos de três mancais.

Cilindrada
848 cm^3

Diâmetro e curso
62,94 mm x 68,26 mm

Taxa de compressão
8,3:1

Potência máxima
34 cv a 5.500 rpm

Torque máximo
6,0 kgfm a 2.900 rpm

Carburador
SU HS2 de 1¼ pol (31,7 mm)

TRANSMISSÃO

Caixa de câmbio
Quatro marchas, com sincronizador nas três superiores

Relações

1ª	3,627:1
2ª	2,171:1
3ª	1,458:1
4ª	1,000:1
Ré	3,627:1

Embreagem
Borg and Beck, 180 mm

Redução final
Engrenagens cilíndricas helicoidais, relação 3,765:1

FREIOS

Dianteiro
Lockheed de tambor, 178 mm de diâmetro

Traseiro
Lockheed de tambor, 178 mm de diâmetro

Operação
Lockheed hidráulico

Freio de estacionamento
Alavanca, com ligação por cabo aos tambores traseiros

SUSPENSÃO

Dianteira
Independente, molas de borracha cônicas, tipo "Duplo A" (triângulos superpostos), amortecedores telescópicos

Traseira
Independente, molas de borracha cônicas, braços arrastados, amortecedores telescópicos

DIREÇÃO

Tipo
Pinhão e cremalheira

Número de voltas entre batentes
2¾

Diâmetro mínimo de curva
9,75 m aproximadamente, entre guias

Volante
Dois raios, 40 cm de diâmetro

RODAS E PNEUS

Roda
Aço, com 3½J x 10

Pneu
Diagonal, 5,20-10

DESEMPENHO

Teste de rua da revista *The Autocar*, Morris Mini-Minor, 28 de agosto de 1959

Velocidade máxima
120 km/h

Aceleração

0-48 km/h	6,2 s
0-80 km/h	16,9 s
0-96 km/h	26,5 s
0-402 m	23,3 s

Consumo médio de combustível
14,3 km/l

DIMENSÕES

Comprimento
3.054 mm

Largura
1.397 mm

Altura
1.346 mm

Distância entre eixos
2.036 mm

Bitolas
Dianteira: 1.203 mm
Traseira: 1.165 mm

Distância mínima do solo
152 mm

Peso em ordem de marcha
656 kg

1961–1964
Cooper, Cooper S, Riley Elf e Wolseley Hornet

Dizem que todo entusiasta de Mini deveria saber responder um questionário sobre a época e a trajetória do Mini-Cooper. E ficar envergonhado se não tirasse 10. Não é lá muito justo pedir tanto, pois, embora o Mini-Cooper seja muito conhecido, ao longo da sua carreira notável houve alguns fatos estranhos.

A história do Mini-Cooper começa com o piloto e construtor de carros de corrida John Cooper, amigo de longa data de Alec Issigonis. Na época em que Cooper pilotava os monopostos Fórmula 3 de 500 cm³, Issigonis corria com o Lightweight Special. Ambos eram engenheiros/projetistas, mas de temperamentos muito diferentes – Issigonis era o “crânio”, que fazia esboços compulsivamente, que pensava adiante do seu tempo, ao passo que Cooper era o mecânico prático, um estilista do tipo “vamos rabiscar um esboço aqui no chão da oficina mesmo”. Os dois eram extremamente bem-sucedidos.

Assim que botou as mãos em um Mini original, John Cooper começou a buscar maneiras de torná-lo mais rápido, embora Alec Issigonis fosse contra versões de alto desempenho. Cooper achou que podia tornar o Mini mais veloz – e competitivo no automobilismo.

À direita: Construtor bem-sucedido de carros de corrida, John Cooper deu uma olhada no Mini original e concluiu que podia torná-lo mais veloz. Sua inspiração e ambições com carros de corrida deram origem à tradição do Mini-Cooper, em 1961.

As origens do Cooper

O primeiro protótipo do Mini-Cooper foi construído nas oficinas Cooper Car Co. Ltd., em Surbiton, onde Cooper arrumou um jeito de aumentar o motor, equipá-lo com dois carburadores SU e até persuadir a Lockheed a produzir pequenos freios a disco que coubessem dentro das rodas dianteiras de 10 polegadas.

John Cooper queria ver o carrinho em corridas, mas não conseguiu apoio de Issigonis, que resistia à ideia em si. Só que Cooper não se intimidou com isso: passou por cima de Issigonis, abordando o chefe da BMC, George Harriman, e conseguiu aprovação para uma produção mínima de mil carros – suficiente para obter a homologação esportiva. Conta a lenda que a produção foi originalmente planejada para meros 25 carros por semana e que muitos profissionais do setor de vendas da BMC achavam que seria impossível vender mil carros!

Assim que George Harriman assumiu o comando, a equipe de projetistas da BMC se entregou de coração ao projeto do Mini-Cooper. Rapidamente foi preciso tomar atalhos, porque, embora o projeto do Mini 850 original tenha sido amplamente mantido, sem modificações, muito trabalho ainda era necessário para finalizar os freios a disco (os menores já produzidos pela Lockheed) e um motor mais potente.

Acima: Esta foto promocional foi feita para mostrar que John Cooper não era apenas um projetista de carros de corrida bem-sucedido, mas também o inspirador do carro de rua Mini-Cooper.

O Mini-Cooper chega ao mercado

Os primeiros dez carros feitos à mão foram testados pela imprensa especializada em julho de 1961 e lançados no mercado em setembro. A BMC estava no auge da sua prática de "engenharia de emblema" (comercializar um mesmo veículo sob duas ou mais marcas diferentes), então, comercializou duas versões – Austin e Morris – praticamente idênticas.

John Cooper convenceu a BMC a desenvolver uma versão de 1 litro do motor da série A – que era adequado para as competições por classe de cilindrada até esse limite. Para fazer isso rápido, mas sem gastar uma fortuna em ferramentas, a BMC adotou o virabrequim de curso longo que já estava em desenvolvimento para os modelos 1100 (que ficariam prontos para serem lançados um ano depois) e o combinou com um novo diâmetro de cilindro, ligeiramente menor. Comparação entre as duas versões:

Mini 850	848 cm³, diâmetro de 62,9 mm x curso de 68,3 mm
Mini-Cooper 997	997 cm³, diâmetro de 62,43 mm x curso de 81,28 mm

Quando esse novo tamanho de motor foi combinado a um cabeçote de maior vazão, dois carburadores SU HS2 semidescendentes, sistema de escapamento tubular de três ramos e um novo comando de válvulas, o motor produziu 55 cv a 6.000 rpm – que, comparado com o 850 básico representava um ganho de 62% em relação a apenas 18% de aumento na cilindrada. Além disso, esses carros foram equipados com um novo e robusto trambulador de controle remoto – um grande avanço em relação à haste delgada e comprida dos primeiros 850.

Naquele tempo, o preço do Mini 850 começava em 512 libras, mas os primeiros Mini-Coopers foram lançados custando 679 libras. Por essas 167 libras a mais – quantia alta na época – quem comprasse o Mini-Cooper levava um carro bicolor (vermelho com capota branca ou verde com capota branca eram as escolhas mais populares), uma grade de radiador diferente (com onze frisos no Austin e sete frisos mais largos no Morris), pequenos para-choques extras nos cantos dianteiros e traseiros, melhor tratamento acústico para reduzir o barulho do motor de alta rotação dentro da cabine, e um novo suporte de instrumentos, montado no centro, com velocímetro, manômetro de óleo, e medidor de temperatura da água. No porta-malas havia uma plataforma sobre o estepe e a bateria – detalhe valioso que muitos proprietários de Mini 850 logo adotaram, adquirindo-a nos balcões de peças de reposição da BMC. Por outro lado, os bancos ainda eram duros e de encosto vertical, os vidros da janela continuavam sendo corrediços, abrindo horizontalmente, e não havia conta-giros.

À esquerda: Em 1961, não era difícil para os aficionados do Mini distinguir o Mini-Cooper do 850 original – era bicolor, tinha nova grade dianteira e melhor desempenho!

À direita: Quando a BMC lançou o Mini-Cooper, em 1961, fez questão de oferecer versões com emblema Austin e Morris, embora ambas fossem fabricadas em Longbridge. Na foto, um Morris.

Um carro com motor de alta rotação, feito para ser carro de corrida – e não tinha conta-giros? Claro que isso ia agitar a indústria de acessórios de Mini...

Quando as pessoas descobriram que os primeiros Mini-Coopers ultrapassavam os 135 km/h (muitos tocavam os 145 km/h quando o motor estava amaciado e levemente mexido), filas se formaram para comprá-lo e a risível meta de vendas de mil carros logo ficou para trás. Pode ser que os freios a disco prometessem mais do que podiam dar, e talvez o motor ficasse um tanto ruidoso quando levado ao limite, mas ninguém reclamava – muito. Quando o Mini-Cooper começou a vencer corridas e ralis, a visão original de John Cooper foi confirmada.

Embora os carros com motor de 997 cm^3 estivessem em produção por pouco mais de dois anos, vendiam muito rápido – só em 1962 foram 14.000 unidades. A partir da metade de 1962, o câmbio totalmente sincronizado se tornou de série, mas poucas mudanças foram feitas.

Abaixo: O Austin Mini--Cooper tinha este tipo de grade dianteira, mas compartilhava o motor de 55 cv e 997 cm^3 com o parente Morris.

Acima: Por pura diversão, a BMC construiu este Mini--Cooper com dois motores – um na localização normal acionando as rodas dianteiras e o outro na parte de trás, tracionando as rodas traseiras. Como potencial carro de corrida Fórmula Livre, tinha seu charme, mas imagine ter duas transmissões totalmente separadas e duas alavancas de câmbio interligadas ao lado do motorista!

À esquerda: Confirmando sua ligação com as pistas, o Austin Mini-Cooper aparece aqui no box de um autódromo, sendo admirado pelo piloto neozelandês Bruce McLaren (de capacete).

998 cm³: pequena ou grande diferença?

Com pouco alarde, a partir de janeiro de 1964 os Mini-Coopers passaram a ser fabricados com motor de 998 cm³, em vez de 997 cm³. A potência máxima não mudou e houve pequena melhora de torque, mas apenas abrindo o capô era quase impossível distinguir um motor do outro – e o emblema continuou igual, sem uma nova letra ou nuance que indicasse a novidade.

Ainda assim, várias mudanças importantes foram feitas no motor, tornando o carrinho ainda mais desejável. O motor de 997 cm³ do Cooper sempre foi único (a BMC nunca usou motor daquela cilindrada em nenhum outro carro de produção), ao passo que o motor de 998 cm³, que veio depois, se tornaria um tamanho padrão da série A, usado em muitos outros modelos e produzido aos milhões. As diferenças de dimensões eram as seguintes:

997 cm³	62,4 mm de diâmetro x 81,3 mm de curso
998 cm³	64,6 mm de diâmetro x 76,2 mm de curso

O motor revisado tinha diâmetro maior e curso menor, dando uma sensação de maior suavidade em rotação elevada e, teoricamente, respirando aquele importante pouquinho a mais e mais profundamente. O curso do novo motor – 76,2 mm (traduz-se de forma mais prosaica em 3 polegadas) – era o curso original do motor da série A quando ele surgiu como um motor de 803 cm³ para o Austin A30, em 1951.

À esquerda: Nos anos 1960, alguns pequenos e admiráveis "especiais" foram desenvolvidos a partir do motor e da transmissão do Mini-Cooper. Este era o Unipower GT, cujo conjunto motor/transmissão ficava atrás dos bancos, acionando as rodas traseiras.

Testes feitos por revistas mostraram que carros de 998 cm³ eram um pouco mais velozes que os modelos de 997 cm³, o que indica que tinham, de fato, mais potência e torque do que antes, ainda que os números oficiais não sustentassem isso. Isso significa que o dado original de 55 cv para o motor de 997 cm³ era otimista ou que a informação posterior de 55 cv para o motor de 998 cm³ era modesta demais? Ninguém chegou a admitir uma coisa ou outra, mas desconfio que o motor de 997 cm³ não era tão potente, na sua forma básica, como se dizia que era...

Nessa época, o Mini-Cooper S tinha de fato entrado em cena e o lançamento do pequeno e muito especial 970S era iminente, de modo que a BMC estava prestes a perder todo o interesse no Mini-Cooper original para fins de competição. A frente de vendas da BMC, porém, estava agora muito entusiasmada com o carrinho e queria torná-lo o mais suave e refinado possível. Assim, o Mini-Cooper de 998 cm³ passou por mudanças e continuou sendo fabricado por mais quase seis anos, com alto índice de vendas nesse período. Em março de 1964, pneus radiais 145-10 passaram a ser de série, mas ao longo do caminho foram feitas muitas mudanças de desenvolvimento, que serão descritas na próxima seção.

Abaixo: Ernest Marples, membro do Parlamento britânico e também ministro dos Transportes no início dos anos 1960, encomendou essa versão especial hatchback do Mini-Cooper S, em exemplar único. Embora fosse um veículo muito prático, a BMC não percebeu essa qualidade e nunca o produziu em série.

Mini-Cooper S: o Mini de melhor desempenho

De 1959 a 2000, foram fabricados 5 milhões de Minis, mas parece que a maioria dos entusiastas do carrinho escolheu possuir modelos Cooper S de algum tipo.

Bem, faz sentido, já que afinal era o Cooper S que estampava as páginas dos jornais na década de 1960, por ter vencido o Rali de Monte Carlo várias vezes, transformando-se no sedã de corrida que agradava as multidões, e também porque era o carro mais rápido para circular nas congestionadas cidades britânicas, fossem pequenas ou grandes.

Mesmo assim, atente para o seguinte: de todos os Minis já fabricados, menos de 1% eram modelos Cooper S. Mesmo que não fosse um grande carro de motorista, essa estatística, sozinha, garantiria ao Cooper S o status de "clássico". A maioria desses carros originais ainda existe – e muitos outros vêm sendo criados a partir de peças.

Se foi demorado persuadir a diretoria da BMC de que o Mini-Cooper de 997 cm³ teria venda certa, levou ainda mais tempo para convencê-la a desenvolver um trio de modelos Cooper S superespeciais. Mas, nessa época, não era só John Cooper, o construtor de carros de corrida, que bradava à BMC que produzisse motores ainda mais potentes – seu rival, Ken Tyrrell, também clamava por isso, junto com Stuart Turner, diretor do Departamento de Competições da BMC.

À direita: Sir George Harriman, da BMC, duvidava do Mini--Cooper, mas o carro construiu reputação rapidamente e se tornou enorme sucesso comercial. Paddy Hopkirk (à esquerda) e Henry Liddon venceram o Rali de Monte Carlo de 1964 com este 1071 S.

Com mais potência, não só os Mini-Coopers seriam sedãs de corrida melhores, como também carros de Fórmula Júnior usando a versão de 1 litro desse motor seriam mais rápidos. Porém, antes que tais carros pudessem ser usados em corridas, era necessário produzir mil carros, para fins de homologação – quanto mais rápido, melhor.

Nessa época, Alec Issigonis aparentemente tinha passado a aprovar o uso dos Minis em competições: a publicidade favorável que o seu produto tinha atraído era bem útil. Com Eddie Maher, gênio da preparação de motores, e Daniel Richmond, da Downton Engineering Works, fazendo intenso lobby, a aprovação veio durante o ano de 1962. Em pouco mais de um ano, o primeiro Mini-Cooper S de rua, o 1071 S, chegou ao mercado.

Inicialmente, a maior parte das diferenças técnicas entre o Mini-Cooper e o Mini-Cooper S se limitava ao motor, mas os freios a disco dianteiros também foram alterados, ficando maiores e mais grossos, o que os tornou 80% mais resistentes a perder ação por aquecimento e se danificar.

Três tipos de Mini-Cooper S – 970S, 1071S e 1275S – acabaram sendo comercializados, cada um por razões diferentes. Em 1962, a estratégia de médio prazo era desenvolver motores especiais de 1 litro e 1,3 litro – mas a versão de 1 litro saiu primeiro.

À direita: Os modelos Mini-Cooper e Mini--Cooper S tinham dois carburadores SU muito bem instalados: neste motor restaurado, e bastante modificado, a caixa cromada do filtro de ar não era item de série.

Motores especiais

Nos anos seguintes, o motor de 1.275 cm³ tornou-se um tamanho padrão para todos os Minis modernos: milhões deles foram fabricados nos anos 1970 e 1980, para carros tão diversos quanto a Marina e o Metro, embora esse tamanho de motor ainda não existisse no início dos anos 1960. Na verdade, o motor desenvolvido para o Mini-Cooper S acabou sendo "produtificado" para uso em massa.

Em relação aos motores anteriores da série A (incluindo a unidade de 997 cm³ do Mini-Cooper), duas grandes modificações tiveram que ser feitas, na construção e configuração. Primeiro, alterou-se a distância entre centros dos cilindros no bloco do motor, para que se pudesse ter um diâmetro maior, e, segundo, a fundição do cabeçote foi revisada, para prover melhor respiração e incorporar um prisioneiro de fixação extra.

O primeiro derivado, produzido na correria, foi a unidade de 1.071 cm³, com um novo diâmetro do S, de 70,64 mm, mas mantendo o curso igual ao do Mini 850, 68,26 mm. Foi feito dessa forma para que a necessária alteração no maquinário de produção interferisse o mínimo possível na montagem da série A, e para que fosse mantido o menor custo de investimento. Na verdade, não só era conveniente usinar o novo virabrequim de aço EN40B do novo tipo S com o ferramental que já existia, mas ajudava a produzir um motor superquadrado de alta rotação. Mesmo assim, era destinado a ser um motor provisório, enquanto os dois motores S definitivos eram finalizados.

A versão de 1.275 cm³ do motor S veio em seguida, com o mesmo bloco de motor novo e robusto, mas usando o novo virabrequim de curso longo, de 81,33 mm. Na verdade, esse curso era o mesmo usado no Mini--Cooper com motor de 970 cm³ (que tinha exatamente 3,2 polegadas).

Por fim (carros com esse motor só começaram a ser entregues em junho de 1964), veio o motor S de 970 cm³, ainda com mesmo bloco e mesmo diâmetro grande, mas com um curso que só ele teve, de 61,91 mm, nunca usado em outro motor da série A: de todo modo, esse motor foi um "homologation special", produzido apenas para obter a aprovação esportiva para o melhor dos Mini-Coopers de 1 litro.

À esquerda: Unidade restaurada de motor/transmissão de um Mini-Cooper S: assim dá para ver quanto era compacta a versão de dois carburadores SU de configuração de tração dianteira.

À esquerda: Hélices de dezesseis pás passaram a ser usadas a partir do final de 1961 para reduzir o barulho do motor e, ao mesmo tempo, manter a eficácia do arrefecimento.

Adequado também para a dona de casa

Quando a Ford estava desenvolvendo o Escort Twin Cam e, mais tarde, o RS1600, ela fez algumas concessões em relação ao projeto do motor, na medida em que a liberdade de ação para chegar à maior potência possível era considerada muito mais importante do que flexibilidade. A BMC, por outro lado, não foi tão inescrupulosa. Anos mais tarde, o diretor do Departamento de Competições da empresa, Stuart Turner, comentou que o Mini-Cooper S teria sido um sedã esportivo muito melhor "se o Departamento de Vendas não tivesse insistido que o carro tinha que ser utilizável também pela dona de casa!".

Quantas donas de casa tiveram um Mini--Cooper S durante o tempo em que ele foi comercializado? Não muitas, asseguro, mas a BMC e suas concessionárias tinham gerações de história pelas quais zelar – ou seja, o S também tinha que ser fácil de dirigir e flexível no trânsito pesado.

Ainda que os motores S fossem muito mais potentes que os dos Minis comuns – o 1275S tinha 76 cv, isto é, 124% mais que o Mini 850 –, poderiam ter tido torque bem maior, especialmente se tivesse sido especificado um comando de válvulas mais esportivo, todo mundo sabe disso. Pois toda uma indústria de preparação de motores floresceu para retificar a mentalidade estreita da BMC.

Mesmo o 970S (um carro de produção limitada, com motor de alta rotação) ainda era um carro de rua totalmente prático, com equipamento, tratamento acústico, instrumentos e bancos iguais aos dos outros Mini-Coopers – era esse carro, mais do que qualquer outro Mini, que a BMC precisava para dominar a classe de 1 litro em corridas e ralis. Como tinha que vender só mil carros, a empresa não faria muito esforço de marketing para promover esse modelo...

Mini-Cooper S: vendendo durante oito anos

Embora o 1275S domine as estatísticas de venda – 33.824 dos 38.818 sedãs S fabricados tinham motor de 1.275 cm³ –, ele repartiu as vendas da BMC com os outros modelos até abril de 1965.

O primeiro modelo foi o 1071S, apresentado em março de 1963. Por fora, a similaridade com os Mini-Coopers era o teto de cor diferente da carroceria; as diferenças eram o emblema S no capô e na tampa do porta-malas, e as novas rodas com furos. Tinha suspensão com mola de borracha cônica, como sempre, e as versões com emblema Austin e Morris, com grades dianteiras distintas, eram vendidas através de redes de concessionárias diferentes.

À direita: Os estilistas modernos talvez torçam o nariz, mas, no início dos anos 1960, este painel do Mini-Cooper e Mini-Cooper S, com instrumentos, interruptores e aquecedor era considerado elegante. Só que para alcançar os interruptores, à esquerda, o motorista precisava esticar muito o braço.

À direita: Por fora, a única diferença visual entre os modelos Mini--Cooper e Mini-Cooper S era o emblema S aplicado no capô e no porta--malas.

À esquerda: Em 1964, havia no mercado nada menos que três tipos de Mini-Cooper S – com motores de 970 cm³, 1.071 cm³, e 1.275 cm³ –, sendo que o grande sobrevivente foi a versão de 1.275 cm³.

Deste ângulo (vista lateral chapada), não dá para distinguir o Cooper S de um Mini mais comum, de meados de 1960 – a não ser pelo para-choque dianteiro e os detalhes da roda, que entregam o jogo.

A boa notícia para quem estivesse disposto a pagar 695 libras (sim, ninharia para os padrões de hoje, mas, na época, achávamos bem caro) era que os pneus radiais 145-10, o freio servoassistido e o aquecedor eram, todos, equipamentos de série.

Mas esse modelo teve vida curta. Embora a lendária vitória de Paddy Hopkirk no Rali de Monte Carlo de 1964 tivesse sido conquistada com um 1071S, a BMC nunca planejou mantê-lo em produção depois do 1275S. Logo após o 1275S começar a ser comercializado, na primavera de 1964, a produção do 1071S foi desacelerada e a última unidade foi produzida em agosto de 1964. Isso significa que todos os genuínos carros de produção tinham suspensão "seca", pois uma nova suspensão, hidroelástica (Hydrolastic), logo seria introduzida.

Os modelos 970S e 1275S foram lançados em abril de 1964 – pelo menos assim diziam os anúncios de publicidade; mas a verdade é que, naquele mês, o 970S

À esquerda: No final da década de 1950, para diminuir custos os estilistas do Mini colocaram dobradiças externas nas portas, mantidas até a renovação visual do ADO20, em 1969.

Na extrema esquerda: No Mini-Cooper S dos anos 1960, as janelas tinham trinco de plástico (como nos primeiros modelos Mini).

À esquerda: Para Alec Issigonis, todos os Minis deveriam ter janelas corrediças. Era uma solução prática, até que se constatou que as canaletas de feltro ficavam encharcadas de água da chuva, fazendo um vidro se prender no outro.

O Mini-Cooper s dos anos 1960 tinha só 3,05 m de comprimento, mas com um formidável pacote de desempenho. Vinha sempre com o emblema s na frente, mas não dava para saber qual dos três motores havia sob o capô.

Abaixo: Neste Mini--Cooper s de meados de 1960, os indicadores de direção eram equipamento de série: muitos proprietários os substituíram por faróis, fixados por trás.

Abaixo, à direita: Simples, informativo – e cheio de orgulho. Estilista para quê?

ainda não estava pronto para venda. Stuart Turner recorda que, quando solicitou a homologação, em meados de 1964, a BMC tinha só uma única unidade de carro de rua, mas um alto diretor da empresa enviou uma carta confirmando que mil carros tinham sido produzidos, sendo a homologação concedida naquelas condições: "Só tínhamos um carro. Uma única unidade. Mas, para que o RAC se convencesse de que havíamos fabricado todos os mil, nos primeiros meses mandamos esse mesmo carro para todos os lugares – salões de vendas de concessionárias, vitrines, autódromos!"

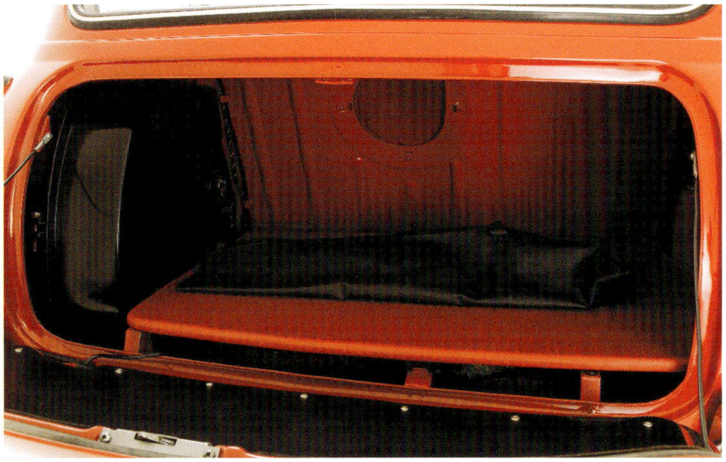

Acima: Embora todos os modelos Cooper S fossem fabricados em Longbridge, alguns eram marca Austin e outros marca Morris. Tecnicamente, não havia nenhuma diferença entre as marcas.

Acima, no centro: Mesmo em meados da década de 1960, a área do porta-malas do Mini-Cooper e Mini--Cooper S ainda tinha acabamento muito simples. O espaço da bagagem era pequeno, mas ajeitado; o tanque de combustível ficava em uma lateral e um assoalho rígido cobria estepe e bateria.

Acima: O reforço tubular de para-choque e garras adicionados nos cantos traseiros deste Mini-Cooper 970S era meramente decorativo, sem função de segurança.

À esquerda: Ao ser ultrapassado por um carrinho desses na rua, bastava checar o emblema na tampa do porta-malas – Austin Cooper S – para entender por quê...

À direita: Quando tinham janelas corrediças (entre 1961 e 1969), o Mini-Cooper e o Cooper S vinham com espaçosos porta-objetos nas portas.

À direita: Nos primeiros Minis, inclusive este Cooper S de 1965, as maçanetas externas eram giratórias. Em uma ocasião, um carro de rali da equipe da fábrica partiu de um ponto de controle com o cronômetro do comissário da prova enroscado na maçaneta!

Acima: Como todos os tipos de Cooper S de meados dos anos 1960, o compartimento do motor deste 970S é repleto. Por fora, é impossível distinguir um 970S de um 1275S, porque ambos tinham a mesma tubulação de admissão e de escapamento externa, dois carburadores SU e condutor de ar para o aquecedor.

À direita: Nos anos 1960, todo mundo gostava do Cooper S pela sua combinação de personalidade, desempenho, dimensões compactas e absoluto charme jovial.

Tirada com lente grande angular, esta foto exalta o espaço do motorista no Mini-Cooper S. Tais carros (e os Mini-Coopers, claro) tinham um eficiente trambulador por controle remoto, mas preservavam, como em todos os outros Minis, o mesmo volante de dois raios e coluna de direção com ângulo bem vertical.

Depois desse evento, a BMC na verdade honrou o compromisso e acabou fabricando os mil motores. Mas o 970S, que custava 693 libras, raramente estava disponível nos estoques das concessionárias BMC – ele foi transformado em modelo de pedido especial e 963 unidades chegaram a ser entregues antes que sua produção fosse oficialmente encerrada, em abril de 1965. Em números redondos, metade dessa leva tinha suspensão "seca" e a outra metade, suspensão Hydrolastic, introduzida a partir de setembro de 1964.

À esquerda: Para desfrutar devidamente do desempenho do Mini-Cooper S, era melhor relevar o desconforto do banco com encosto radicalmente vertical (como nos outros Minis) e os pequenos pedais, localizados no lado de dentro de uma das caixas de roda dianteiras.

À esquerda: Em meados de 1960, o luxo do Mini-Cooper S era o painel de instrumentos com três mostradores. A escala do velocímetro ia até 120 mph (193 km/h) –, uma marcação generosa, já que o carro não chegava nem a 100 mph (160 km/h).

O Cooper e o Cooper S no automobilismo

Dois fatos importantes mudaram a cena do automobilismo em Abingdon, no outono de 1961. Primeiro, o Mini-Cooper original foi apresentado; segundo, o departamento de Competições da BMC passou a ser dirigido pelo jovem e ambicioso Stuart Turner. O Cooper era altamente adequado para disputar corridas e ralis e Turner tinha ambição e determinação implacáveis para alcançar esse objetivo.

É fácil contar essa parte da história, porque quase imediatamente Turner decidiu adotar uma dupla estratégia – Abingdon iria se concentrar totalmente nos ralis (paixão nº 1 de Turner, queera um copiloto bem-sucedido), enquanto as corridas com carros assistidos pela fábrica seriam terceirizadas, inicialmente para a Cooper Car Co. e, depois, também para Ken Tyrrell.

À direita: Transporte executivo para levar Ringo Starr, o baterista dos Beatles, do aeroporto ao centro de Paris. Naquela mesma semana, este carro de rali oficial de fábrica, 18 CRX, competiu, sem sucesso, no Rali de Monte Carlo de 1964.

À direita: O 33 EJB se tornou lendário por vencer o Rali de Monte Carlo de 1964, mas foi também com ele que Paddy Hopkirk conquistou um incrível terceiro lugar na categoria Turismo do Tour de France (Volta da França), em 1963. Na foto, a subida do Mont Ventoux.

À direita: O Mini--Cooper S era um carrinho de rali tão surpreendente, que dominou o Rali de Monte Carlo por várias temporadas. A foto mostra o piloto Timo Makinen rumando para o quarto lugar no Monte de 1964.

Os carros de rali de fábrica

O Mini-Cooper de 997 cm³ começou a competir em 1962 e imediatamente foi conquistando vitórias. Embora a participação de Rauno Aaltonen no Rali de Monte Carlo tenha terminado com um violento acidente, a formidável jovem Pat Moss se apaixonou pelo 737 ABL, vencendo não só o Rali das Tulipas, na Holanda, e o Rali Alemão, mas também o Campeonato Europeu de Rali para Damas. Por volta do fim do ano, Turner tinha decidido construir uma nova frota de Mini-Coopers, estratégia que funcionou bem.

Rauno Aaltonen chegou em quinto lugar no Rali do RAC de 1962, depois obteve um magnífico terceiro lugar no Rali de Monte Carlo de 1963, com Paddy Hopkirk chegando em sexto. Paddy ficou então com a segunda colocação geral no Tulipas (só um Ford Falcon de 4,7 litros conseguia ser mais rápido que ele). Mas foi no Rali Alpino francês, quente, exigente e frequentemente alto, que Rauno botou as mãos no primeiro dos Mini-Cooper S com motor de 1.071 cm³ e surpreendeu o mundo do rali vencendo a categoria Turismo inteira.

Três meses depois, Paddy Hopkirk e Henry Liddon compartilharam outro 1071S (33 EJB), novo em folha, e, na classificação geral, terminaram em terceiro, na categoria Turismo do Tour de France de dez dias. Praticamente desse dia em diante Abingdon perdeu todo o interesse em desenvolver o carro de 997 cm³ (e nunca chegou a pensar no de 998 cm³).

Foi uma decisão sábia. Paddy terminou em quarto no Rali do RAC (com o 1071S 8 EMO) e, dois meses depois, no inesquecível Rali de Monte Carlo de 1964, venceu o evento com o 33 EJB. Essa foi a primeira de uma série de vitórias na classificação geral do Cooper S, que tornariam o pequeno carro imortal.

À esquerda: Paddy Hopkirk, Henry Liddon e seu Mini-Cooper 1071S conquistaram uma vitória sensacional no Rali de Monte Carlo de 1964 e, por isso, foram convidados para o programa de televisão Sunday Night at the London Palladium, *do canal ITV. Aqui eles aparecem entrando pelos fundos do teatro.*

Mesmo assim, a avalanche de vitórias do Cooper S em ralis estava apenas começando. Abingdon inscreveu o seu primeiro 1275S (AJB 66B) no Rali das Tulipas de 1964, onde Timo Makinen estreou com uma vitória memorável. A quarta colocação geral para Rauno Aaltonen, no Rali Alpino francês, e o quarto lugar para Timo, no 1000 Lagos, na Finlândia, contribuíram para o sucesso do 1275S na sua primeira temporada – mas o melhor ainda estava por vir.

À direita: Talvez a vitória mais famosa do Mini em ralis. Paddy Hopkirk (Mini-Cooper 1071S) venceu o Rali de Monte Carlo de 1964 com o 33 EJB, depois de uma luta de titãs com o Ford Falcon de 4,7 litros de Bo Ljungfeldt.

Na extrema direita: Ao lado do recém-lendário Mini-Cooper 1071S, vencedor do Rali de Monte Carlo de 1964, da esq. para a dir.: Bill Appleby (projetista-chefe de Motores da BMC), Daniel Richmond (Centro de Engenharia de Downton), John Cooper, Charles Griffin e Alec Issigonis.

À direita: Na preparação do Mini-Cooper S de rali, o compartimento do motor estava tomado. Este carro foi equipado com aquecimento extra na cabine para o Rali de Monte Carlo.

As primeiras vitórias do Mini em ralis

1962	Tulipas (Pat Moss)	Mini-Cooper 997 cm³
1962	Alemão (Pat Moss)	Mini-Cooper 997 cm³
1963	Alpino francês (Rauno Aaltonen)	Cooper S 1.071 cm³
1964	Monte Carlo (Paddy Hopkirk)	Cooper S 1.071 cm³
1964	Tulipas (Timo Makinen)	Cooper S 1.275 cm³

Carros de corrida de fábrica

Assim que o Mini-Cooper 997 cm³ chegou ao mercado e ganhou homologação da FIA, a BMC contratou a Cooper Car Co. para representá-la no Campeonato Britânico de Turismo. Os dois carros – um dirigido por John Love, o outro, por Sir John Whitmore – tinham como característica o acabamento verde brilhante da carroceria e as duas faixas largas pintadas nas extremidades do capô. Ambos dominaram a classe 1-litro, embora Christabel Carlisle, pilotando um carro financiado por conta própria, preparado por Don Moore, tenha surpreendido a todos com seu ritmo e elegância.

Em 1962, embora uma frota de Jaguares Mk II de 3,8 litros fossem os vencedores habituais das corridas, o "Cooper Cooper" 997 cm³ de John Love ganhou muitas vezes na sua classe, com folga, porque nenhum outro carro de 1 litro conseguia acompanhar o ritmo do seu carrinho de tração dianteira. Em 1963, a história já não era mais a mesma (a Ford tinha se agarrado ao negócio do "homologation special", produzindo o Cortina-Lotus), mas, mesmo assim, pilotando Minis de 997 cm³ e, depois, um de 1.071 cm³, John Whitmore venceu na sua classe de cilindrada na maioria das ocasiões e levou o segundo lugar do campeonato: Paddy Hopkirk se manteve logo atrás o tempo todo.

A coisa ficou ainda mais séria em 1964. Na Grã-Bretanha, a Ford inscreveu vários Cortina-Lotus (o campeão de Fórmula 1 pilotou um deles) e Galaxies e a BMC agora dispunha do formidável 1275S de mais de 100 cv para a classe 1,3-litro. O Cortina-Lotus de Clark era potente o suficiente para vencer várias corridas de imediato, mas o 1275S de John Fitzpatrick ganhou facilmente a classe de 1,3 litro e ficou em segundo lugar no campeonato.

Enquanto isso, a BMC contratou a equipe de Ken Tyrrell para disputar o Campeonato Europeu de Turismo em nome dela, com dois modelos Mini-Cooper S apoiados pela fábrica, novamente de olho em ser campeã na classe e conseguir a melhor vantagem possível na pontuação da classe mais favorável. Os pilotos eram Warwick Banks, John Rhodes e o belga Julien Vernaeve. O resultado é que Warwick Banks foi campeão da sua classe e europeu com facilidade. O fenômeno das corridas de Mini estava acontecendo para valer.

À direita: John Love venceu o campeonato Britânico de Turismo de 1962 pilotando este Morris Mini-Cooper de 997 cm³ altamente modificado. Ele foi o vencedor na sua classe em sete ocasiões diferentes.

Acima: Em Spa, na Bélgica, em 1962, três Mini-Coopers (um deles com a transmissão travada) tentaram arrumar um empate no fim da corrida, mas na hora H um DKW de dois tempos surgiu "voando" pela lateral e acabou vencendo a corrida assim que todos os quatro carros cruzaram a linha de chegada!

Aprimorando o Mini 850

No outono de 1961, a BMC anunciou um aprimoramento da linha dos Minis de motor normal, notícia que foi um tanto ofuscada pelo lançamento do Mini--Cooper. O novo modelo portava emblema Super Se7en/Super Mini-Minor e estava a meio caminho de um Mini--Cooper, pois tinha carroceria com pintura bicolor e para-choques adicionais nos cantos traseiros, além de uma grade dianteira ligeiramente diferente. Como o Cooper, também o Super herdou a plataforma rígida no porta-malas, sobre o estepe e a bateria, o painel de instrumentos de três mostradores, e maçanetas internas de porta do tipo alavanca. Custando 591,86 libras, o Super era só 24 libras mais caro que o Mini De Luxe, mas 87 libras mais barato que o novo Mini-Cooper.

Em seguida, a BMC fez uma ação mais de marketing do que de técnica. No começo de 1962, a empresa finalmente se alinhou à opinião pública e extinguiu os nomes "Se7en" e "Mini-Minor". Daí por diante, todos os carros passariam a

Acima: Tema e variações – a versão Super de Luxe do Mini 850 foi lançada em 1962, ainda com o motor normal de um carburador, mas com todo o acabamento do Mini-Cooper. O da foto é fabricação Morris.

Mini x 1100: uma comparação

Quando o Morris 1100 foi lançado, em 1962, compartilhava com o Mini a mesma configuração básica de motor, transmissão e suspensão, mas era amplamente diferente em outros aspectos:

Característica	**Mini**	**Morris 1100**
Motor	848 cm³	1.098 cm³
Potência	34 cv	48 cv
Suspensão dianteira	Cone de borracha	Sistema Hydrolastic
Estilo da carroceria	Sedã de duas portas Perua de três portas	Sedã de quatro portas
Comprimento	3,07 m	3,73 m
Largura	1,39 m	1,53 m
Altura	1,34 m	1,33 m
Peso em ordem de marcha	626 kg	826 kg
Preço total (set. de 1962)	535 libras – De Luxe	695 libras – De Luxe de quatro portas

ser chamados apenas de "Mini" – que, afinal, era como sempre tinham sido chamados pelas pessoas –, mas ainda haveria modelos separados Austin e Morris durante mais sete anos.

A evolução seguinte aconteceu em outubro de 1962, quando os modelos De Luxe e Super foram substituídos por um único derivado, que viria a ser conhecido como Super De Luxe. Como nos Mini-Coopers mais recentes, o câmbio totalmente sincronizado não era visível. Fora isso, foram feitas mudanças cosméticas: mais outra nova grade dianteira e estofamento com tecido Vynide de melhor qualidade. Casualmente, logo depois do Salão do Automóvel de Londres, em outubro de 1962, uma redução no imposto de compra britânico fez baixar os preços dos Minis.

Com isso, em 1963 os preços da linha eram:

Mini (básico)	447 libras
Mini Super De Luxe	492 libras
Mini Traveller/Countryman	531 libras
Mini-Cooper	567 libras

Embora nenhuma grande modificação viesse a ser feita até o outono de 1964, a linha Mini estava começando a ficar bastante complexa, pois tinham sido incorporados dois derivados com frente longa/traseira longa bastante diferentes, e emblema Riley ou Wolseley.

À esquerda: A BMC mudou os nomes e especificações do Mini no começo da década de 1960. A foto mostra um Austin Super De Luxe de 1963, visto de frente...

Abaixo: ... e de trás.

Na página ao lado: No começo, o mercado oferecia Minis modelo Austin ou Morris, na configuração Basic ou De Luxe. A versão Super surgiu em 1961, com esta grade dianteira e para--choques adicionais nos cantos traseiros. A foto mostra a versão Austin...

À direita: Em outubro de 1961, foram lançados dois derivados luxuosos do Mini – o Riley Elf e o Wolseley Hornet (foto). Fora alguns acabamentos, instrumentos e detalhes da grade dianteira, eram praticamente idênticos, e compartilhavam o mesmo estilo de carroceria de traseira longa.

Abaixo: A carroceria do Riley Elf original (foto) e a do "irmão" Wolseley Hornet tinha juntas não aparentes no para-lama dianteiro. Elas seriam reintroduzidas no decorrer de 1962, como medida de economia e racionalização.

As variantes Riley Elf e Wolseley Hornet

Em outubro de 1961, foram lançados dois novos modelos derivados do Mini – o Riley Elf e o Wolseley Hornet. Eles compartilhavam a mesma carroceria e a mesma mecânica. Então, por que foram feitos dois modelos e não um só? Por que a "engenharia de emblema"? Por que fazer dois produtos tão obviamente parecidos, só com adereços ligeiramente diferentes?

Só quem vivenciou aquele tempo tem condições de entender isso – na época, a BMC ainda controlava diferentes franquias de concessionárias, que competiam ferozmente entre si. O Riley e o Wolseley pertenciam ao mesmo grupo fabricante de automóveis (Nuffield Organisation) desde 1938, e, vinte anos depois, nenhuma das duas marcas tinha enfraquecido – pareciam continuar incólumes.

Pode parecer loucura na perspectiva de hoje, mas o fato é que a política de "engenharia de emblema" da BMC funcionava, porque as vendas aumentaram. Naquela época, havia poucos carros importados entrando no Reino Unido, então, a política da BMC de "colocar um emblema diferente em cada salão de vendas de concessionária" deu ao consumidor algo mais em que pensar na hora da compra!

Os nomes foram inspirados em modelos famosos de carros esporte dos anos 1930. O pequeno Riley recebeu o emblema Elf de um modelo de 1935, de dois lugares, enquanto o Wolseley Hornet foi batizado em homenagem aos modelos de seis cilindros do começo dos anos 1930, da própria empresa Wolseley.

Embora fossem claramente baseados na "plataforma" Mini – distância entre-eixos, configuração de tração dianteira, suspensões independentes de borracha cônica –, as carrocerias de duas portas do Elf e do Hornet

eram consideravelmente diferentes na dianteira e na traseira. Por terem a traseira mais longa, o comprimento total de ambos aumentou 21,6 cm.

Mesmo que o para-lama dianteiro e a estrutura geral fossem praticamente iguais aos do Mini, no começo não havia sinal das juntas aparentes. A dianteira do carro tinha novo estilo – a área da grade do Austin/Morris foi preenchida internamente por um painel transversal interno, e grades de estilo tradicional foram fixadas a um capô de formato novo (agora, quando o capô era levantado, a grade subia junto). Estes foram, de fato, os primeiros Minis a ter capô que trancava. Os dois carros receberam também grades laterais e exclusivos lanternas laterais/indicador de direção.

Na traseira, o assoalho foi alongado atrás da linha das rodas traseiras. Os painéis traseiros foram encompridados em vários centímetros, quase como minialetas, e um novo estilo de grupo ótico para as luzes de freio/traseira/indicador de direção foi colocado ao redor de uma nova tampa de porta-malas, de abertura para cima que requeria alguma ginástica para abrir. Assim, o porta-malas passou a ter uma capacidade de 226 litros, comparado aos 155 litros dos Minis originais.

Os planejadores da BMC tinham conseguido dar a esses carros o mesmo ar

de luxo sugerido nos modelos maiores da marca. Ambos tinham maior gama de cores que os modelos Austin/Morris, sempre com o teto pintado em cor contrastante, bancos bicolores maiores e mais macios (no Riley, revestidos de tecido, no Wolseley, de plástico simulando tecido), e, no porta-malas, uma cobertura rígida (acarpetada) sobre o estepe e a bateria.

Os planejadores de produto da BMC também decidiram dar ao novo Riley uma configuração um pouco mais luxuosa que a do Wolseley – e a BMC podia cobrar mais por isso. Assim, o Elf custava 693,94 libras no lançamento, e o Hornet, 672,07 – uma diferença de 22 libras, talvez 300 libras em valores de hoje.

O Wolseley tinha o tradicional emblema iluminado Wolseley aplicado na grade dianteira, e painel de instrumentos no estilo do Mini-Cooper, com três mostradores (mas revestido de madeira envernizada); já o Elf tinha esses mesmos três mostradores reunidos em um suporte de nogueira, posicionado no centro do painel, e alavanca de câmbio cromada.

Apresentado em outubro de 1961, o primeiro Elf tinha de cada lado do painel de instrumentos aquela prateleira aberta para colocar objetos, mas, curiosamente, quando o carro começou a ser distribuído, essa configuração tinha sido modificada – a prateleira foi coberta com painéis de madeira em toda a extensão e passou a ter dois porta-luvas com tampa abrindo para baixo. Se o proprietário quisesse ter rádio no carro, era preciso fixá-lo sob a prateleira no lado do passageiro.

Mas a BMC não manteve suas especificações de detalhe por muito tempo. Na primavera de 1962, a empresa reintroduziu as juntas aparentes dos para-lamas dianteiros (no estilo do Mini original) – o protótipo e os carros do lançamento vinham com juntas não aparentes. Também foram introduzidas garras nos para-choques dianteiro e traseiro, acompanhado do câmbio totalmente sincronizado que estava sendo aplicado em todos os Minis do período.

Acima, à esquerda: Antes e depois! Os modelos originais Riley Elf/Wolseley Hornet tinham juntas soldadas, não aparentes nos para-lamas dianteiros, mas...

Acima: ... as juntas aparentes ressurgiram um ano depois do início da produção.

À esquerda: Uma coisa que diferenciava o Riley Elf do Wolseley Hornet era este painel todo revestido de madeira, com dois porta-luvas separados e uma configuração própria de instrumentos, embora a longa alavanca de câmbio, de ação direta, tenha sido mantida. O Hornet, por outro lado, tinha o quadro de instrumentos oval igual ao do Mini-Cooper (mas revestido de madeira) e trambulador por controle remoto.

A evolução do Elf e do Hornet Mk II

Como esses dois carros evoluíram cada um do seu jeito, eu reuni algumas dessas alterações neste capítulo, embora haja sobreposições da história nos próximos dois capítulos.

A partir de março de 1963, chegou a vez dos modelos Mk II. Eles tinham novo motor de 998 cm³, derivado da série A, e, embora as melhorias na potência máxima e no torque não fossem surpreendentes, era mais flexível e tinha mais torque em todos os pontos.

Os observadores tiveram dificuldade em distinguir os novos modelos. Exceto pelo emblema Mk II no porta-malas, não houve mudança visual no estilo, e, virtualmente, nenhuma alteração na cabine, embora a tampa do porta-malas de abertura para cima agora tivesse molas de compensação, e os freios dianteiros tivessem sapatas de 38 mm de largura, em vez de 32 mm, com uma configuração de duas sapatas primárias.

Devido a uma redução no imposto de compra no Reino Unido (que passou a vigorar em novembro de 1962), os preços do Mk II Elf e do Hornet ficaram mais baixos do que em 1961 – 574,52 libras e 556,40, respectivamente, o Riley ainda sendo um pouco mais caro.

O carro com motor de 998 cm³ era sem dúvida mais veloz que o original de 848 cm³ e era mais fácil mantê-lo confortavelmente em movimento em uma velocidade de cruzeiro de 105-112 km/h. A não ser que o carro estivesse em velocidade máxima, era bem fácil chegar a 14 km/l em percursos longos.

Essa especificação ficou estabilizada por um período, mas, a partir do final de 1964, os carros Elf/Hornet começaram a incorporar as mesmas inovações mecânicas dos Minis comuns – suspensão Hydrolastic, embreagem de mola de diafragma e interruptor de ignição/partida montado no painel: isso será descrito em detalhes no próximo capítulo.

A suspensão Hydrolastic ainda dependia de molas de borracha cônicas, que agora eram sustentadas por um líquido à base de água, sob alta pressão. As unidades dianteiras eram conectadas às traseiras por tubos delgados. Se o chassi reagisse caso a roda dianteira caísse em um buraco, isso proporcionava autonivelamento, porque a suspensão traseira caía para acompanhar. Esse tipo de suspensão dava uma rodagem mais macia, mais flutuante, do que o sistema original de borracha, e foi mantido até o fim da produção do Elf/Hornet.

Acima: A partir de 1963, os Elf/Hornet se transformaram no Mk II, com motor de 998 cm³ de um carburador.

À direita: O ator inglês Peter Sellers encomendou este Mini-Cooper S em 1963 customizado com pintura simulando a trama da palhinha.

A produção do Mini

Enquanto isso, o restante da linha Mini tinha se tornado mais complexo, variado e atraente, com a produção aumentando de forma constante. Em 1962, foram produzidos 216.087 Minis de todos os modelos, e, dois anos depois, a produção aumentou ainda mais – para 244.359. Com a produção do Mini prestes a atingir 1 milhão de unidades em Longbridge e muitas novidades técnicas planejadas, os próximos anos seriam muito promissores.

Produção do Mini no mercado

Ano	Mini (todos os modelos)	BMC (todos os modelos)*	Produção total no Reino Unido
1959	19.749	431.247	1.189.943
1960	116.677	585.096	1.352.728
1961	157.059	510.318	1.003.967
1962	216.087	525.793	1.249.426
1963	236.713	637.803	1.607.939
1964	244.359	730.862	1.867.640

* Os únicos números disponíveis cobrem o ano fiscal da BMC, de 1º de agosto a 31 de julho inclusive.

Especificações do Riley Elf e do Wolseley Hornet Mk I e Mk II

MOTOR

Descrição
Motor de quatro cilindros em linha, com bloco e cabeçote de ferro fundido. Comando de válvulas no bloco acionado por corrente, válvulas no cabeçote operadas por varetas. Câmaras de combustão em formato de coração. Pistões de liga de alumínio, bielas de aço forjado. Virabrequim com contrapesos de três mancais.

Cilindrada
Mk I 848 cm³
Mk II 998 cm³

Diâmetro e curso
Mk I 62,94 mm x 68,26 mm
Mk II 64,59 mm x 76,20 mm

Taxa de compressão
8,3:1

Potência máxima
Mk I 34 cv a 5.500 rpm
Mk II 38 cv a 5.250 rpm

Torque máximo
Mk I 6,0 kgfm a 2.900 rpm
Mk II 7,1 kgfm a 2.700 rpm

Carburador
SU HS2 de 1¼ pol. (31,7 mm)

TRANSMISSÃO

Caixa de câmbio
Quatro marchas, com sincronizador nas três superiores (totalmente sincronizada a partir do verão de 1968). Automática de quatro marchas opcional, da Automotive Products, a partir do final de 1967

Relações	Manual	Automático
1ª	3,627:1	2,690:1
2ª	2,171:1	1,851:1
3ª	1,414:1	1,458:1
4ª	1,000:1	1,000:1
Ré	3,627:1	2,690:1

Embreagem
Monodisco a seco Borg and Beck de 180 mm

Redução final
Engrenagens cilíndricas helicoidais, relação 3,765:1

FREIOS

Dianteiro
Lockheed de tambor, 190 mm de diâmetro

Traseiro
Lockheed de tambor, 190 mm de diâmetro

Operação
Lockheed hidráulico

Freio de estacionamento
Alavanca, com ligação por cabo aos tambores traseiros

SUSPENSÃO

Dianteira
Independente, molas de borracha cônicas (unidades de suspensão Hydrolastic, com conexão para a suspensão traseira, a partir do final de 1964), triângulos superpostos, amortecedores telescópicos

Traseira
Independente, molas de borracha cônicas (unidades de suspensão Hydrolastic, com conexão para a suspensão dianteira, a partir do final de 1964), braços arrastados, amortecedores telescópicos

DIREÇÃO

Tipo
Pinhão e cremalheira

Número de voltas entre batentes
2¾

Diâmetro mínimo de curva
9,75 m, aproximadamente, entre guias

Volante
Dois raios, 40 cm de diâmetro

RODAS E PNEUS

Roda
Aço, 3 ½ J x 10

Pneu
Diagonal, 5,20-10

DESEMPENHO

Testes de rua da revista *The Autocar*:
Riley Elf Mk I, 2 de março de 1962
Wolseley Hornet Mk II, 16 de agosto de 1963

Velocidade máxima
Riley Elf Mk I 114 km/h
Wolseley Hornet Mk II 123 km/h

Aceleração

0-48 km/h	6,9 s	6,0 s
0-80 km/h	18,3 s	15,7 s
0-96 km/h	32,3 s	24,1 s
0-402 m	23,7 s	22,4 s

Consumo médio de combustível
Riley Elf Mk I 11,6 km/l
Wolseley Hornet Mk II 12,5 km/l

DIMENSÕES

Comprimento
3.272 mm

Largura
1.397 mm

Altura
1.346 mm

Distância entre eixos
2.036 mm

Bitolas
Dianteira: 1.205 mm
Traseira: 1.165 mm

Distância mínima do solo
181 mm

Peso em ordem de marcha
632 kg

1964–1967
Mokes, Minis Hydrolastic e câmbio automático

Em 1964, cinco anos após o seu lançamento, o Mini teve um ano grandioso em termos da marca. Foi o ano do surgimento do Mini--Cooper 1275s (já descrito neste livro), o ano do peculiar Mini Moke, e o ano em que a suspensão Hydrolastic substituiu as molas de borracha cônicas em todos os sedãs. Além disso, embora o público em geral ainda não soubesse, o câmbio automático também estava a caminho, como configuração opcional.
Antes de uma análise ano a ano de quais Minis usaram o quê, e quando, primeiro todos esses itens serão descritos em detalhe.

Hydrolastic: inovação líquida

A suspensão Hydrolastic – o uso de um fluido à base de água/álcool para ligar a suspensão de borracha cônica dianteira à traseira – tinha sido inventada pelo Dr. Alex Moulton, da Moulton Developments, em 1950. Moulton, que se tornou grande amigo de Alec Issigonis, tinha insistido que esse sistema fosse instalado nos Minis originais, mas como ainda não estava totalmente desenvolvido e era significativamente mais caro, a suspensão de borracha cônica simples acabou sendo adotada no lugar.

O sistema Hydrolastic (hidroelástico) continuou sendo desenvolvido e a configuração original foi adotada no modelo Austin/Morris 1100 de tração dianteira, lançado em agosto de 1962. Como fez grande sucesso com a clientela, e a rede de

À esquerda: A substituição da suspensã "seca" (borracha cônica) para a "molhada" (Hydrolastic) ocorreu no segundo semestre de 1964. A foto mostra com era realmente compacta montagem do motor/transmissão/suspensão dianteira/direção/subchassi, revelando que o sistema hidroelástico são tubos que brotam do topo das unidades da suspensão.

concessionárias rapidamente se acostumou com ele, o trabalho de desenvolvimento nos Minis prosseguiu bem, a ponto de o sistema ser introduzido em outubro de 1964. Foi o gênio conjugado de Issigonis, Moulton e suas respectivas equipes de projeto que tornou possível o seguinte milagre no Mini: fazer a suspensão Hydrolastic caber dentro do subchassi original sem modificações e a tubulação de ligação das suspensões dianteiras com as traseiras ficar perfeitamente alinhada sob o assoalho ao longo do túnel central de "serviços".

Desenvolvida para produção, a suspensão Hydrolastic constituiu um excelente exemplo de cooperação. A inspiração principal veio da Moulton Developments, de Bradford-on-Avon em Wiltshire, a instalação e a finalização foram feitas pela BMC, em Longbridge, e a produção em massa, realizada pela Dunlop Rubber Co., nas English Midlands.

Cada unidade Hydrolastic selada tinha tamanho e volume similares aos da mola de borracha que substituiu. Dentro da unidade, havia borracha como meio de suspensão principal, algumas válvulas cuidadosamente controladas, para permitir a passagem de um líquido (essas válvulas atuando como amortecedores), com unidades de suspensão dianteiras e traseiras do mesmo lado do carro interligadas por tubos de pequeno diâmetro preenchidos com líquido. Não havia amortecimento na compressão, que era assegurado mediante uma cuidadosa calibragem dos tubos e da guarnição em torno das unidades.

A suspensão Hydrolastic logo se tornou conhecida como suspensão "molhada" por causa do uso de líquido – em oposição à "seca", em que a referência eram molas de borracha cônicas. O fluido em si, a propósito, era 49% água, 49% álcool metílico (como aquele usado em anti-congelantes), com uma dose de inibidor de ferrugem e uma tintura de gosto ruim, para tornar a mistura intragável.

A propósito, como esse líquido foi instalado a uma pressão muito alta, depois de certo tempo inevitavelmente ocorriam vazamentos, e, por isso, as concessionárias BMC tinham um equipamento para bombear o sistema antes que cedesse demais. Como os amortecedores de suspensão telescópicos separados não eram mais necessários, aqueles que eram usados

nos Minis "secos" foram descartados. Não havia controle suplementar na dianteira, mas, na traseira, no lugar do amortecedor havia uma mola helicoidal auxiliar de pequeno diâmetro e encapada para ajustar o comportamento do carro.

Esse sistema, além de promover rodagem mais suave que a configuração original de borracha cônica (embora balançando mais), provia também melhor autonivelamento em vias com ondulações. A menos que a velocidade fosse muito alta, se as rodas dianteiras de um carro com sistema Hydrolastic topassem com um obstáculo alto, havia tempo para o líquido ser transferido através dos tubos, elevando a suspensão traseira, a tempo de compensar.

Mas o sistema Hydrolastic tinha suas limitações. Quando o Mini estava carregado no limite da sua capacidade, tendia a rodar com a parte traseira relativamente muito mais baixa que os antigos modelos com suspensão de borracha. Pessoas de estômago sensível reclamavam que às vezes ficavam enjoadas (elevar a pressão do líquido na concessionária não podia ser considerado um remédio válido para o enjoo...). Além disso, as concessionárias BMC tinham que aprender tudo a respeito da instalação e precisavam instalar maquinário de bombeamento hidráulico para manter a altura da rodagem do carro dentro das especificações.

Porém, não se devia enfatizar demais esse sistema; outra deficiência era a tendência de o carro ficar com um movimento tipo cadeira de balanço. Quanto às corridas, testes exaustivos mostraram que o sistema era adequado para alguns pilotos, mas nem tanto para outros, de modo que, se a política da empresa (e os regulamentos!) exigissem, o sistema Hydrolastic era instalado, mas às vezes tornado inoperante – torneiras eram habilmente escondidas sob o banco traseiro!

Contudo, a política da BMC era substituir a suspensão de borracha cônica pela suspensão Hydrolastic em todos os sedãs Mini – 850, Mini-Cooper, Cooper S, Elf e Hornet –, a partir do início da produção dos carros ano-modelo 1965. Mas o sistema nunca foi instalado nas peruas, furgões, picapes ou Mokes de carga. Como ficou evidente, o uso da suspensão Hydrolastic sempre seria controverso, não apenas as bases do comportamento do sistema (veja o comentário anterior sobre passageiros com enjoo), mas porque as concessionárias não estavam satisfeitas com a tecnologia extra que tinham que usar para mantê-la (também se tornaria de série nos modelos da BMC 1100, 1800 e Maxi, claro) e em função do seu custo.

Com a mudança no equilíbrio de poder da engenharia logo após a formação da British Leyland, a suspensão Hydrolastic ficou com os dias contados: o sistema nem chegaria a ser usado nos novos modelos Clubman/1275GT de frente longa e, após 1969, a maioria dos Minis seria revertida para a suspensão "seca".

Acima: Quando a suspensão do Mini foi convertida de "seca" (cones de borracha) para "molhada" (Hydrolastic), em 1964, foi surpreendente como as unidades do novo sistema facilmente se ajustaram à pequena estrutura do carro.

Câmbio automático

Quase ao mesmo tempo que o Mini chegou ao mercado, a Automotive Products de Lemington Spa começou a trabalhar em um pequeno sistema de câmbio automático, muito estimulante do ponto de vista técnico, para ser usado no carro de tração dianteira. Embora a AP nunca tivesse se engajado em um projeto tão grande, sua habilidade técnica em fazer um bom trabalho era conhecida, pois era a empresa que manufaturava os freios a disco e a tambor da Lockheed, e as embreagens Borg & Beck.

Projetar, ajustar e finalizar o câmbio automático para o Mini era algo ambicioso e inovador, porque ninguém no mundo ainda tinha se proposto a fazer isso. Embora o Daffodil com motor dianteiro de 590 cm^3 (aumentado para 746 cm^3, em 1964), da fábrica de carros holandesa DAF, tivesse sido comercializado desde 1958 com câmbio automático Variomatic acionado por correia, e montado na traseira, todos os outros carros com câmbio automático tinham motor de 1,5 litro, no mínimo: ninguém, mas ninguém mesmo, ainda tinha colocado no mercado um carro de tração dianteira com caixa automática.

E também ninguém havia dito que era impossível realizar esse feito, então, a AP se lançou à empreitada e quebrou padrões – colocou um câmbio automático de quatro marchas no cárter de um Mini (substituindo o câmbio manual existente) e o configurou para compartilhar o mesmo lubrificante do motor, algo de que os engenheiros de transmissão não gostavam, mas que na prática parecia funcionar bem. De fato, a nova caixa AP foi o primeiro sistema construído na Grã-Bretanha a entrar em produção.

E a instalação do motor/transmissão foi tão bem feita que ninguém chegou realmente a notar a ausência do pedal de embreagem; a alavanca seletora das marchas foi colocada sem nada obstruir no centro do assoalho, adiante dos bancos/entre eles; a única evidência externa ficou por conta do emblema "Automatic" na tampa do porta-malas.

Naquela época, a perda de potência através de um conversor de torque e o seu efeito negativo no consumo de combustível era um grande problema. A BMC, então, delegou à AP a tarefa particularmente árdua de reduzir tais perdas no Mini, bem como cuidar para que o novo componente coubesse dentro/embaixo/em volta do motor existente e no seu compartimento. Assim, o conversor de torque foi instalado onde normalmente estaria a embreagem convencional, e as complexas engrenagens epicíclicas foram posicionadas sob o virabrequim, exatamente onde antes ficavam as engrenagens normais do câmbio manual.

Este livro não é o lugar adequado para descrever o funcionamento interno de um quatro-marchas automático (melhor nem passar perto disso...): é suficiente destacar que a caixa automática tinha a mesma relação de redução final do par de engrenagens cilíndricas do carro manual (3,765:1) e que a perda de potência relativa ao conversor de torque era notavelmente pequena.

A verdadeira inovação da AP no Mini foram as opções inseridas no quadrante seletor, que foi instalado no assoalho do carro (naquele tempo, a maioria dos automáticos tinha a alavanca montada na coluna de direção), com simples movimentação frente/trás. Em vez da convencional PRNDL – Park-Reverse-Neutral-Drive-Low (Estacionamento-Ré-Neutro-Dirigir normal-Marchas de força), o Mini trazia RN1234D (Ré-Neutro-1234-Dirigir normal).

Normalmente, portanto, o motorista selecionaria D e deixaria os controles automáticos fazerem o resto, com a habitual redução de marcha acelerando a fundo disponível apenas da 4ª (e última marcha) para a 3ª. Mesmo assim, usando "3", "2" e "1" era efetivamente possível usar a nova caixa como uma do tipo manual, com mudanças de marcha sem embreagem. Uma característica importante era a roda-livre, mas que operava somente em 1ª. Se, em alta velocidade "1" era selecionado, o engrenamento não se concretizava e, como consequência, não havia freio-motor em 1ª.

Para conseguir a aceitação dessa grande opção, a BMC teve dois problemas. O primeiro tinha se tornado comum àquela altura – o lançamento (em outubro de 1965) ocorreu muitos meses antes de a empresa

Abaixo: O notável desenho de Laurence Watts, tal como foi publicado na revista The Autocar, *em 1965, mostra todas as complexidades do câmbio automático de quatro marchas que a Automotive Products desenvolveu para o Mini (e, depois, para os modelos 1100/1300).*

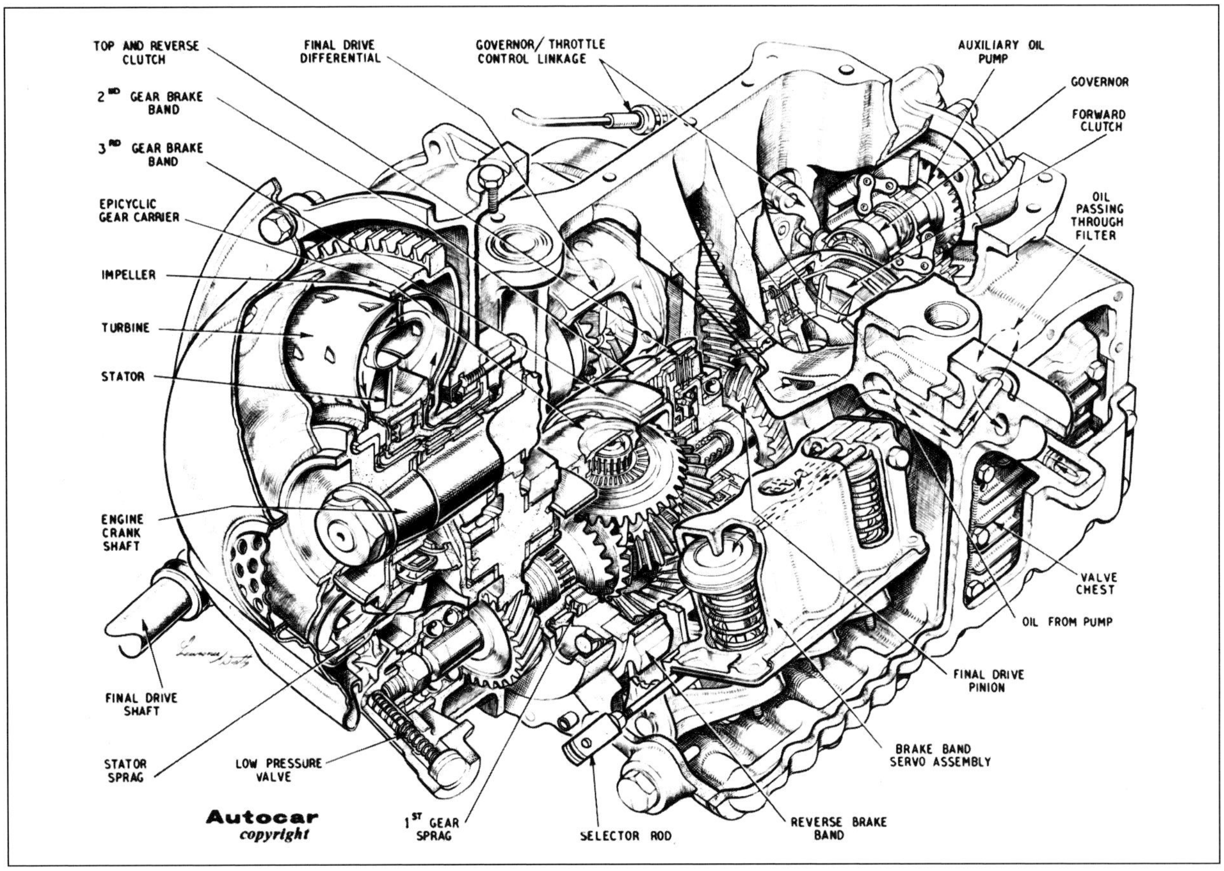

poder realizar as entregas. O segundo problema era justificar o preço do carro. Em 1965, por exemplo, um Mini Super De Luxe com câmbio manual custava 515,10 libras no Reino Unido, ao passo que o automático era 90,62 libras mais caro.

Como a inflação vem zombando dos preços nas últimas quatro décadas, é possível que 90 libras não pareça tanto dinheiro – mas elevava o preço em 17,5%. Em termos modernos, isso significa pedir a um proprietário de Mini atual que pague até 2.000 libras a mais pelo prazer de mudar de marcha sem usar a embreagem (quase o dobro do que é pedido hoje).

De princípio disponível apenas nos Minis com motor de 848 cm³, a caixa automática AP iria finalmente ser adotada em outros Minis, inclusive nos de motor maior (como veremos mais adiante), na maior parte da família dos maiores, de 1100/1300, e continuaria a ser uma dispendiosa opção no Mini (mas nunca nos Mini-Coopers) até 1996.

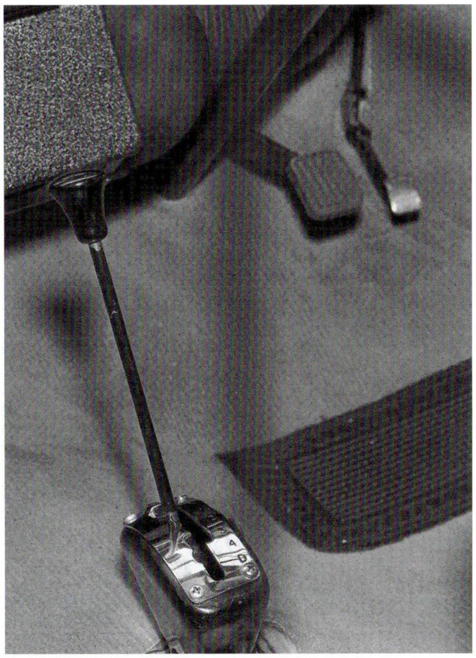

Como era o desempenho do Mini automático

Quando a revista *The Autocar* testou o Mini automático (um Austin), em outubro de 1965, o jornalista conduziu o teste e escreveu a reportagem. Em comparação com o Mini normal manual, foi esclarecedor aprender que, embora o desempenho do carro tivesse sido pouco afetado, o consumo de combustível tinha ficado cerca de 10% pior que antes, como mostra esta tabela:

	Automático (teste de 1965)	**Manual (teste de 1963)**
Veloc. máxima	113,4 km/h	115,5 km/h
0-96,5 km/h	32,0 s	29,7 s
0-402 m	24,3 s	23,6 s
Consumo médio de combustível	14,1 km/l	15,6 km/l

Ao reler o meu texto, percebo que a conclusão poderia ser a seguinte: "As pessoas mais velhas vão gostar do Mini automático porque ele exige menos esforço e menos concentração... e a versatilidade da nova caixa, tão adaptável às condições de trânsito ou ao estado de espírito da pessoa, facilita 'a venda' também para aqueles motoristas entusiasmados, que não conseguiriam ficar o tempo todo presos à mudança automática de marcha".

As mudanças para 1965 – e um novo carro – o Mini Moke

A partir de setembro de 1964, e um tanto à parte da adoção da suspensão Hydrolastic em todos os sedãs, todos os não Cooper ganharam freio a tambor dianteiro de duas sapatas primárias e embreagem de mola diafragmática, ao mesmo tempo que a partida a chave (em vez do interruptor no assoalho) virou item de série em todos os modelos. Os não Cooper herdaram uma caixa de câmbio mais robusta, para se igualar à dos Cooper, e todos os derivados Elf/Hornet seguiram o exemplo.

Nesse meio-tempo, mais uma versão do agora famoso Mini tinha surgido – o Mini Moke. Sim, claro, todo entusiasta do Mini se lembra de que Mini Mokes com acabamento brilhante foram usados naquela enigmática série de TV dos anos 1960, *The Prisoner* (exibida no Brasil como *O prisioneiro*), mas nem todos se lembram de que o carro foi originalmente projetado com um propósito bem mais sério. Se a BMC tivesse sido hábil, o exército britânico teria comprado grandes quantidades de Mokes!

Era um projeto excêntrico, de certa forma, porque o exército só estaria interessado em usar o Moke como um veículo off-road que tivesse a capacidade de continuar rodando em terrenos muito acidentados. Bem, embora o Mini seja um dos veículos mais ágeis do mundo, a combinação de rodas de 10 polegadas com a necessidade de carregar quatro corpulentos soldados em terreno acidentado lhe seria sempre algo difícil.

Isso explica a seguinte sequência de fatos: o primeiro protótipo do Moke rodou em 1959, o carro foi apresentado ao público em 1960, passou por grandes alterações de projeto e mudança de nome em 1962/1963 e só começou a ser vendido em agosto de 1964. O Moke tinha uma estrutura que era só dele, porque, embora o motor e a tração dianteira do Mini tivessem sido mantidos, junto com os subchassis dianteiros e traseiros e as suspensões de borracha cônica, o monobloco (ou, mais precisamente, o chassi tipo plataforma) era completamente diferente.

Acima, à esquerda: Quando a caixa automática AP (opcional a partir de 1965/1966) foi instalada no Mini, o quadrante seletor de marchas foi colocado no assoalho, entre os bancos.

Acima: Fãs de customização adoravam botar as mãos em um Mini – aqui um Mini 850 oferecido pela empresa Taurus, que inclui painel de madeira de marca própria, conta-giros montado em um suporte fixado na coluna de direção, e alavanca de câmbio com extensão.

À esquerda: Em Londres, a fabricante artesanal de carrocerias Harold Radford (Coachbuilders) Ltd., conhecida pelas conversões especiais Countryman a partir de modelos Rolls--Royce e Bentley, produziu também o Mini de Ville, em meados de 1960.

Mesmo parado, já se vê que é ousado. Seria possível que o Mini Moke pudesse ter mais personalidade que o Mini original? Tudo indica que sim.

O projeto do Moke: como o Mini, mas diferente...

Laurence Pomeroy, em *The Mini Story* [*A história do Mini*], livro patrocinado pela BMC no qual Alec Issigonis teve bastante envolvimento, conta o seguinte: "Bem no começo da vida do Mini, pensou-se em desenvolver um veículo leve de transporte de tropas que fosse facilmente aerotransportado, carregasse quatro homens com armas leves (ou explosivos), tivesse velocidade máxima de pelo menos 96,5 km/h, e fosse tão pequeno que pudesse ser possível tirá-lo de um atoleiro apenas com força humana".

Era uma grande ideia, mas o conceito no começo não funcionou bem. Os primeiros carros, apelidados de Buckboard (antigo carroção de tração animal, sem suspensão), tinham uma exclusiva plataforma de aço estampado com laterais tipo casco e distância entre-eixos do Mini de série. Houve depois uma revisão nos carros que os deixou com maior distância do solo e menor distância entre-eixos – porém, uma vez que as forças militares mundiais se desinteressaram, o Moke teve que ser modificado para ser vendido a civis.

Abaixo: A instalação do motor/transmissão/arrefecimento do Moke era exatamente a mesma dos outros Minis com motor 848 cm³.

À direita: Embora a suspensão traseira e o subchassi estrutural do Moke fossem similares aos dos sedãs, havia detalhes especiais suficientes para tornar o suprimento de peças um pesadelo.

À direita: A suspensão "seca" do Mini Moke era quase idêntica à dos sedãs, exceto pelos pneus próprios para enfrentar todo tipo de piso. Este modelo nunca viria a ter suspensão Hydrolastic.

Para manter a produção do Moke o mais simples possível (se bem que nada era simples na BMC naquela época!), o projeto final tinha um casco próprio, mas usava quase todos os componentes de série do Mini 850, incluindo o motor 34 cv/848 cm³, transmissão, subchassis dianteiro e traseiro, suspensões dianteira e traseira, direção e freios.

A estrutura – casco, plataforma, chassi, como deveria ser descrito, afinal? – era exclusiva do Moke. Embora a distância entre-eixos de série do Mini tivesse sido mantida, era só por conveniência, para facilitar a montagem na linha de produção. De fato, embora partes da parede de fogo e dos apoios do sedã Mini tenham sido mantidas, quase todo o resto era novo. Na verdade, esse foi o primeiro

À esquerda: Nada de ferramental específico para as lanternas, luzes de freio e indicadores de direção na traseira do Moke – veio tudo das prateleiras de peças comuns da Lucas.

Abaixo: Todo mundo torcia para a bateria do Mini Moke não dar problema – para acessá-la era preciso retirar duas tampas numa das soleiras...

Acima: Até mesmo uma pequena batida com o Mini Moke era capaz de danificar facilmente o "para-choque" dianteiro tubular, e os faróis pareciam bastante vulneráveis. Mas era simples de ser reparado – quem precisa de uma oficina de funilaria?

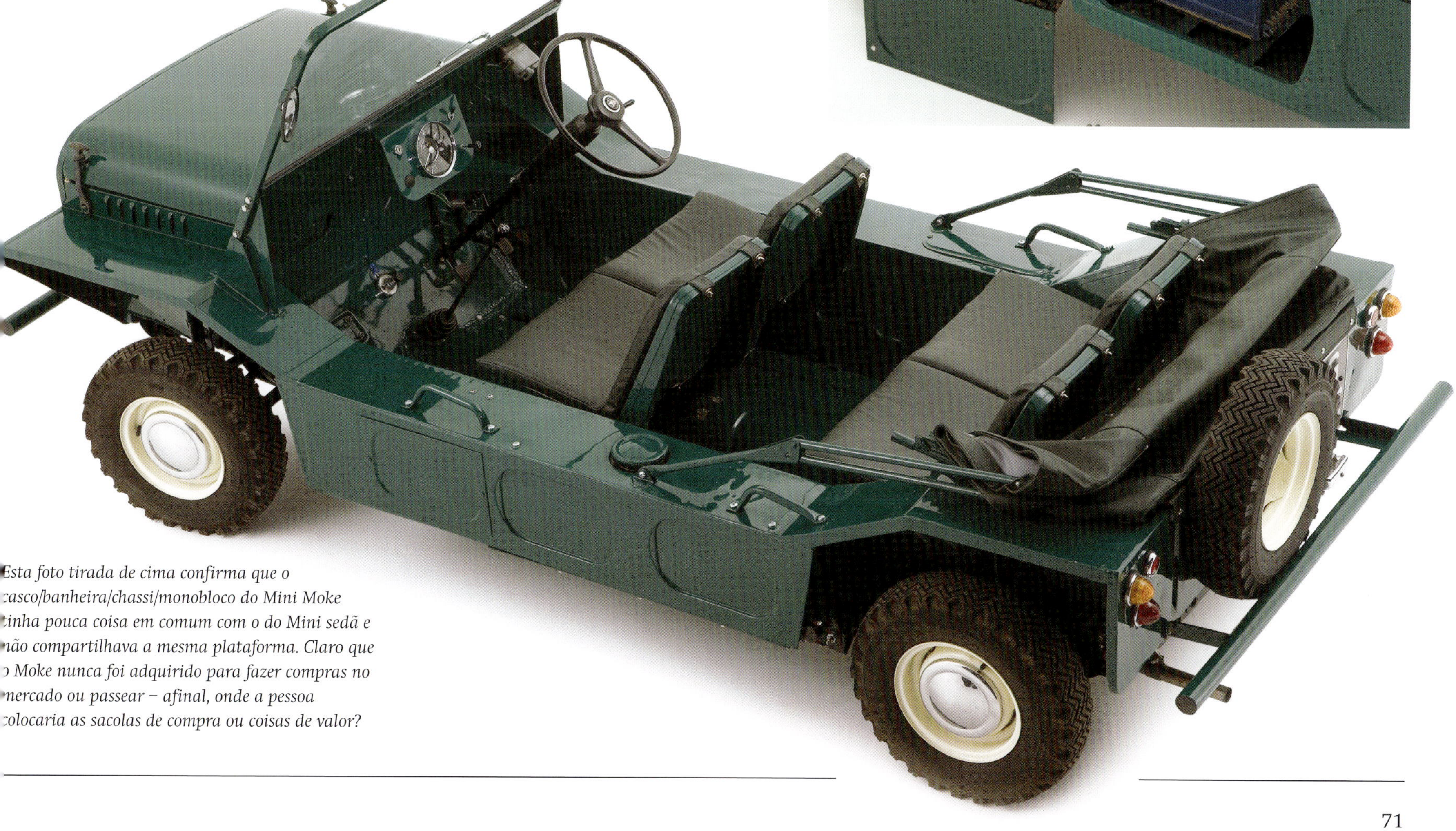

Esta foto tirada de cima confirma que o casco/banheira/chassi/monobloco do Mini Moke tinha pouca coisa em comum com o do Mini sedã e não compartilhava a mesma plataforma. Claro que o Moke nunca foi adquirido para fazer compras no mercado ou passear – afinal, onde a pessoa colocaria as sacolas de compra ou coisas de valor?

O Moke no mercado

Em agosto de 1964, quando o Moke foi anunciado (com opção de emblemas Austin o Morris, como era a prática da BMC na época), seu preço era 335 libras (básico) e 406,35 libra com imposto de compra. Isso fez dele um carr significativamente mais barato que o sedã Mini 850 de entrada, que custava 448 libras, e logo passaria a 470 libras, quando a suspensão Hydrolastic foi adotada. No lançamento, o Moke estava disponível somente na cor Spruce Green (algo como verde-pinheiro), uma tonalidade escura que passou a associar o Moke aos veículos comerciais da BMC.

Sim, o Moke era mais barato e tinha desempenho quase igual ao do Mini sedã 850 mas as desvantagens eram óbvias. Fora a experiência de dirigir um carro cuja exposição do corpo inteiro às intempéries era "item de série" (com uma despojada e simpática proteção contra o mau tempo), por aquele preço módico o consumidor adquiria somente um único banco – o do motorista.

Pagava-se a mais para ter o banco do passageiro dianteiro e os traseiros; para usuários off-road, itens adicionais úteis incluíam pneus Dunlop Weathermaster, bem sulcados, e protetor de cárter (que protegia a carcaça motor/transmissão de danos em terrenos acidentados, mas reduzia ainda mais a limitada distância do solo). O consumidor podia também encomendar um aquecedor, mas em um carro aberto como o Moke, esse item devia ser tão eficiente quanto uma vela em um furacão.

Acima: Este "toldo" de lona sustentado por hastes de aparência frágil era item de série do Moke, mas, se o proprietário quisesse coberturas nas laterais, tinha que pagar a mais.

Abaixo: O Mini Moke era um carro de quatro lugares em que todos os passageiros ficavam totalmente expostos. Andar em um Moke com chuva ou frio não era tarefa para fracos.

afastamento do tema estrutural do Mini revelado em 1959.

A estrutura era uma plataforma estampada clássica, com caixas de torção ao longo de cada flanco, bem encaixadas em toda a extensão das paredes de fogo dianteiras e traseiras, mas, claro, sem nenhuma rigidez acima do nível da cintura, e sem portas. Havia uma barra que servia de para-choque na dianteira e na traseira – literalmente, uma barra –, mas não um porta-malas com tranca, e nenhum luxo.

A plataforma do chassi não era tão sólida quanto parecia à primeira vista, porque havia painéis abertos nos flancos que reduziam a sua resistência à torção – esses painéis ocultavam essas longas "caixas vazias", que serviam para armazenagem e, num dos lados, davam acesso à bateria. O tanque de gasolina ficava na caixa da esquerda.

A suspensão independente sempre foi por cones de borracha: mesmo depois que o restante da linha Mini foi convertido para o sistema Hydrolastic, no final de 1964, o Moke manteve a de borracha.

Acima: Uma grande vantagem do projeto minimalista do Mini Moke era o espaço. Mas ajudava bastante se a pessoa estivesse bem agasalhada e tivesse espírito jovem.

Abaixo: O volante de dois raios era o mesmo dos sedãs, mas o painel de instrumentos era simples ao extremo. Contudo ninguém comprava o Mini Moke pelo seu luxo.

Antes da customização do Mini Moke, ele tinha essa aparência – forte, quadrado, sujeito a intempéries e pintado de verde-pinheiro. Tinha só um limpador de para-brisa como item de série; o segundo limpador era opcional. O Moke fabricado na Grã-Bretanha tinha rodas de 10 polegadas – maiores nos produzidos na Austrália e em Portugal.

Proteção contra as intempéries? Bem, digamos que, no clima britânico, ajudava se a pessoa tivesse bom humor. No verão pleno, para aproveitar a brisa dava para deixar o para-brisa rebatido (e até retirá-lo...); se chovesse, só havia um limpador, e a capota era um simples "toldo" de tecido que dobrava para trás ou se esticava por cima do veículo. Para cobrir as laterais, era possível adquirir cortinas volumosas e moles, que pareciam ter sido projetadas depois (e tinham!), mas não eram à prova d'água nem de vento.

Dentro, o Moke não tinha carpetes de borracha, nem prateleira para objetos, nem os valiosos porta-objetos na parte interna das portas (bem, se o carro não tinha portas...), e, como essa época era anterior ao cinto de segurança, para conseguirem permanecer sentados os passageiros tinham que se agarrar nas alças montadas nos flancos!

Acima: Como o Mini Moke não tinha portas, para entrar no carro a pessoa tinha que pular por cima das longas caixas ocas, os flancos do veículo. Dependendo do clima, alguns proprietários descartavam as ferragens que sustentavam o "toldo" e dobravam-nas para trás, mas a maioria das pessoas achava bom poder se segurar nessas alças, fixadas no próprio flanco.

À esquerda: Com os parcos revestimentos do banco do motorista removidos, dá para ver como era básica a especificação do Mini Moke original. Nada de carpete ou acabamentos confortáveis, claro...

Na página ao lado: O cenário mediterrâneo na França era ideal para desfrutar a experiência que o Mini Moke proporcionava, a de dirigir ao ar livre. Os Mokes foram fabricados em Longbridge durante apenas quatro anos – de 1964 a 1968 – e depois a produção foi transferida para a Austrália.

A linha Mini em 1965

Lista de todos os Minis disponíveis no mercado do Reino Unido, com preço de varejo:

Marca e modelo	Preço básico em libras	Preço total no Reino Unido
Austin/Morris (850) Mini	388	469
Austin/Morris (850) Mini De Luxe	425	515
Austin/Morris Countryman/Traveller (aço)	440	532
Austin/Morris Countryman/Traveller (madeira)	456	551
Austin/Morris Mini-Cooper (998 cm³)	487	590
Austin/Morris Mini-Cooper 970S	573	693
Austin/Morris Mini-Cooper 1275S	643	777
Riley Elf II (998 cm³)	493	596
Wolseley Hornet II (998 cm³)	478	578
Mini Moke (848 cm³)	335	406
Apenas para comparação:		
Ford Anglia 105E	395	478
Hillman Imp	420	509
Vauxhall Viva HA	436	528

O furgão e a picape Mini Austin/Morris de 848 cm³ eram classificados como veículos comerciais e isentos do imposto de compra, por isso não estão incluídos na lista acima.

Em 1965, a produção total de Minis (em Longbridge e em Cowley) caiu ligeiramente – 221.974 frente a 244.359 em 1964 –, talvez devido a alguma desordem na implantação da suspensão Hydrolastic, porém mais provavelmente em função dos problemas industriais que afligiam a BMC continuamente naquele momento.

Abaixo: Olhe com atenção, porque não é o que parece – trata-se de um Mini com carroceria de plástico, destinado a ser produzido em países onde ainda não havia instalações de estamparia e solda.

Raro no país de origem

Pois é, mas quem compraria o Moke quando ele chegou ao mercado? A BMC estava ansiosa para saber. Em tese, tratava-se de um carro que deveria interessar a moradores rurais – ou, pelo menos, a quem gostava de se aventurar fora da estrada de vez em quando – mas não foi assim que funcionou.

Sejamos francos – o Moke não era adequado para clima frio e úmido, porque tinha muitos problemas – era básico demais, despojado demais, lento demais e frio demais para os britânicos.

De fato, a BMC logo descobriu que a maioria dos Mokes estava sendo exportada para onde o sol brilhava e não chovia. Turistas nas Bermudas e Antilhas adoravam circular de Moke pelas praias, onde a principal preocupação era proteger-se do sol e não manter os pés secos. O fato é que os moradores do campo e os pequenos empresários britânicos simplesmente não compraram o Moke.

Curiosamente, em meados dos anos 1960, durante um breve período o Moke ficou na moda na "Swinging London" (algo como "Londres Badalada") – apelido que as revistas deram à cidade naquela época! A atitude pacifista "flower power", a minissaia, os colares no pescoço, os bigodes estilosos e os Mokes com pinturas psicodélicas – tudo isso parecia combinar muito bem, e é por isso que a maioria dos Mokes circulava para cima e para baixo na Kings Road, mas muito poucos rodavam fora da cidade. Ao todo, foram produzidos 14.518 Mokes no Reino Unido.

Esqueça o clima e se concentre na personalidade do Moke. Essa máquina virtualmente cunhou o termo "carro divertido" – porque era veloz como um Mini sedã, tinha personalidade ainda mais ousada e um estilo na dianteira que fazia quase todo mundo sorrir.

Mokes supermodificados – com capota e acabamento Crayford "Surrey", clássicos, ou com carroceria modificada – eram raridades e, por isso, ainda mais atraentes. O problema era que, por definição, tinham ainda mais tendência a enferrujar que os sedãs Mini comuns, portanto, para que tivessem chance de sobreviver, não podiam ser guardados ao ar livre. No fim dos anos 1970, muitos de fabricação britânica já tinham se desintegrado, o que explica por que diversos Mokes atuais são de uma variedade mais moderna, fabricados no exterior.

AUSTIN
GE·113 288

Fora do Reino Unido

Em 1966, o Mini Moke passou a ser produzido na Austrália, na fábrica da BMC em Sydney, inicialmente com o motor de 998 cm³ da série A. O clima quente era mais adequado à personalidade do Moke e ali ele prosperou – versões que vieram depois tinham rodas de 13 polegadas (os engenheiros da BMC tinham deixado bastante espaço dentro dos arcos das rodas), maior distância do solo e motor de 1.098 cm³. Depois, foi oferecida também uma versão com motor de 1.275 cm³ de um carburador.

Era o carro mais barato da Austrália e vendeu bastante bem durante alguns anos, tendo sido exportado para 82 países (um número reduzido foi para o Reino Unido, ao que parece). Foram produzidas 26.142 unidades até ser descontinuado em 1981.

A montagem do Moke em Portugal começou mais ou menos nessa época, com kits CKD (veículos completamente desmontados) vindos da Austrália, antes de as ferramentas serem levadas para lá, e mais seriamente a partir de 1983, com rodas de 13 polegadas e um arco de segurança para o caso de capotagem. Mas, depois de uma

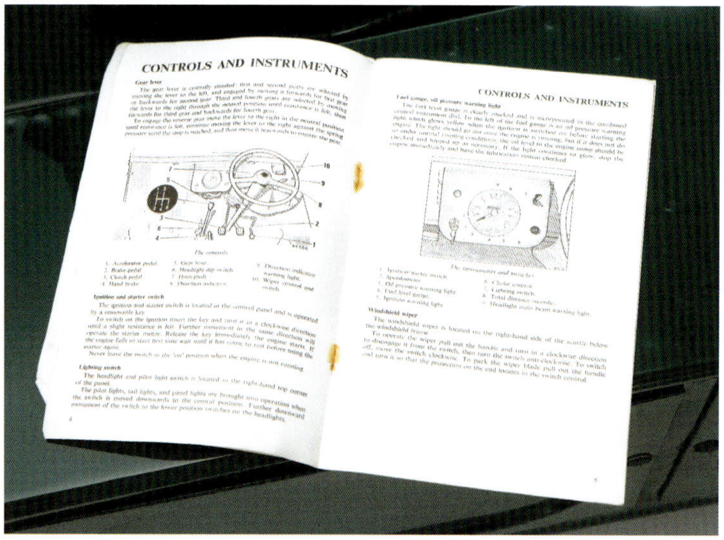

No topo: A BMC queria passar a ideia de que o Mini Moke era assim: um veículo de trabalho, leve e divertido de dirigir.

Acima: Apesar de ser um veículo de produção limitada, a BMC criou um suplemento do manual de instruções simples, com todas as informações operacionais necessárias.

À direita: Será que era um concurso do tipo "Quantas pessoas cabem no Mini Moke"?

turbulência financeira, outra versão passou a ser produzida, em 1984/1985, dessa vez com rodas de 12 polegadas e motor de 998 cm³, além de freios a disco. A essa altura, a estrutura era de aço galvanizado, o que ajudava a retardar o processo de ferrugem.

Em 1989, o Moke parou de ser produzido, mas retornou em 1991, ainda em Portugal, agora sob propriedade da Cagiva da Itália. As últimas unidades portuguesas foram fabricadas em 1993, após 10.060 Mokes terem sido produzidos. Embora as ferramentas de estampagem para fazer as carrocerias tivessem sido transferidas para uma nova empresa, na Itália, a produção nunca foi retomada. Ao todo, a carreira do Moke durou 29 anos, o carro foi produzido em três países diferentes, teve quatro diferentes motores da série A, e um total de 50.720 unidades vendidas. Para um contador que lesse um balancete apenas destacando o custo de investimento do monobloco exclusivo, o Moke deve ter sido um projeto apenas marginalmente viável, mas, em termos de aprimoramento da imagem, o Moke foi muito mais bem-sucedido que isso.

Especificações: Austin/Morris Mini Moke (fabricado no Reino Unido) 1964-1968

MOTOR

Descrição
Motor de quatro cilindros em linha, com bloco e cabeçote de ferro fundido. Comando de válvulas no bloco acionado por corrente, válvulas no cabeçote operadas por varetas e balancins. Câmaras de combustão em formato de coração. Pistões de liga de alumínio, bielas de aço forjado. Virabrequim com contrapesos de três mancais.

Cilindrada
848 cm³

Diâmetro e curso
62,94 mm x 68,26 mm

Taxa de compressão
8,3:1

Potência máxima
34 cv a 5.500 rpm

Torque máximo
6,0 kgfm a 2.900 rpm

Carburador
SU HS2 de 1¼ pol (31,7 mm)

TRANSMISSÃO

Caixa de câmbio
Quatro marchas, com sincronizador nas três superiores

Relações

1ª	3,627:1
2ª	2,171:1
3ª	1,414:1
4ª	1,000:1
Ré	3,627:1

Embreagem
Monodisco a seco Borg and Beck de 180 mm (mola de diafragma a partir do fim de 1964)

Redução final
Engrenagens cilíndricas helicoidais, relação 3,44:1

FREIOS

Dianteiro
Lockheed a tambor, 184 mm

Traseiro
Lockheed a tambor, 184 mm

Operação
Lockheed hidráulico

Freio de estacionamento
Alavanca, com ligação por cabo aos tambores traseiros

SUSPENSÃO

Dianteira
Independente, molas de borracha cônicas, triângulos superpostos, amortecedores telescópicos

Traseira
Independente, molas de borracha cônicas, braços arrastados, amortecedores telescópicos

DIREÇÃO

Tipo
Pinhão e cremalheira

Número de voltas entre batentes
2¾

Diâmetro mínimo de curva
9,75 m, aproximadamente, entre guias

Volante
Dois raios, 40 cm de diâmetro

RODAS E PNEUS

Roda
Aço, 3½ J x 10

Pneu
Diagonal, 5,20-10

DESEMPENHO

Velocidade máxima
104 km/h

Aceleração

0-48 km/h	6,2 s
0-80 km/h	15,4 s
0-96,5 km/h	21,8 s
0-402 m	23,3 s

Consumo médio de combustível
14,3 km/l

DIMENSÕES

Comprimento
3.048 mm

Largura
1.308 mm

Altura
1.422 mm

Distância entre-eixos
2.036 mm

Bitolas
Dianteira: 1.203 mm
Traseira: 1.165 mm

Distância mínima do solo
181 mm

Peso em ordem de marcha
533 kg

Twini-Moke

Talvez tenha sido apenas um golpe publicitário, mas o surgimento de um Moke com dois motores, durante o inverno gelado de 1963, em Longbridge, era assunto em todos os jornais. Na época, a BMC disse que se tratava de um projeto sério, mas tenho dúvidas de que fosse viável economicamente.

Para fazer um Moke de tração nas quatro rodas, que rodasse em praticamente qualquer terreno, os projetistas de Issigonis pegaram um Moke normal e montaram sob a traseira da carroceria um subchassi dianteiro completo com motor de 848 cm³ e transmissão. Fixaram firmemente as barras de direção com as rodas em posição reta à frente e instalaram um complexo comando de câmbio, um tanto impreciso, ao longo da lateral do casco, com a alavanca de câmbio para a mão direita. Os dois conjuntos de motor/transmissão compartilhavam os mesmos sistemas hidráulicos da embreagem, mas que não era interconectado, e só havia um pedal de embreagem.

Sobre isso, Pomeroy comentou: "A dupla embreagem adquiriu um novo sentido – ao dar a partida com o carro em repouso, a pessoa primeiro engatava a segunda em uma ponta do carro e, depois, na outra extremidade..."

Em superfícies muito escorregadias – se a pessoa fosse corajosa e habilidosa – era possível rodar com marchas diferentes engatadas em cada ponta do carro, o que provocava coisas misteriosas nos ângulos de deriva dos pneus e nas características de comportamento. Divertido mas não recomendado...

Em termos esportivos, a BMC levou esse derivado a sério por um tempo – versões com dois motores 1100 foram testadas e Mini-Coopers de corrida similares, com dois motores, também foram desenvolvidos – mas a ideia não foi muito longe. Com motores caros e transmissões ocupando as áreas dianteira e traseira do chassi não havia onde colocar ou levar carga, e logo o projeto foi abandonado.

Abaixo: Muitas variantes do Mini surgiram durante os anos 1960, mas a maior parte era de modelos simples, com motor de 848 cm³. Em 1965, foram produzidas quase 200.000 unidades desses carros.

Mudanças da linha em 1966

Como já foi comentado, a partir de outubro de 1965 o câmbio automático da Automotive Parts tornou-se opcional nos sedãs Mini Austin e Morris com motor de 848 cm³ – mas não nos outros derivados – e basicamente foi isso que a BMC mostrou de novidade no Salão do Automóvel de Earls Court. Mas até meados de 1966 o câmbio automático não estava disponível em quantidade, tendo seu lançamento sido algo prematuro.

Melhorando o motor 1275S

No fim de 1965, os modelos Mini-Cooper 1071S e Mini-Cooper 970S tinham sido descontinuados e, com isso, o 1275S passou a ser o único modelo S ainda em produção. Naquela época, o 1275S tinha motor exclusivo, isto é, nenhum outro modelo da BMC o usava, embora a empresa já estivesse se organizando para colocá-lo em produção, tirar um pouco da sua potência e assim usá-lo em outros carros de linha.

Embora a suspensão Hydrolastic tenha se tornado item de série no final de 1964, a caixa automática AP não era oferecida como opção para aquele modelo (e nunca seria). Porém, outras modificações exclusivas estavam a caminho.

No começo de 1966, o 1275S tornou-se o único Mini a ter dois tanques de combustível como item de série (esse fato também estava ligado a melhorias solicitadas pelo departamento de competição da fábrica em

Abingdon) – 25 litros de cada lado do porta--malas, o que não atrapalhava a capacidade de carga. Também passou a ser item de série um radiador de óleo (colocado na dianteira, recebendo fluxo de ar direto).

Em abril de 1966, o chassi também foi aprimorado, com a colocação de unidades Hydrolastic mais duras, buchas reforçadas nos braços inferiores da suspensão dianteira, juntas universais mais resistentes nas semiárvores, rolamentos de rolos cônicos nos cubos traseiros e pontos de ancoragem de suspensão reforçados. Isso seria necessário em função dos esforços mecânicos típicos do automobilismo internacional – de fato, isso tudo ajudaria o 1275S a somar um número notável de vitórias nas temporadas seguintes.

À esquerda: Nos anos 1960, algumas forças policiais usavam o Mini-Cooper S. Sem dúvida um elogio a esse carrinho extraordinário, mas será que era de verdade? Onde os policiais colocavam todos os cones, quadros de aviso e bandeirolas...?

O Mini-Cooper 1275S e seus concorrentes em 1964

Marca e modelo	Velocidade máxima (km/h)	0-96,5 km/h (segundos)	0-402 m (segundos)	Consumo (km/l)	Preço total (libras)
Austin-Healy Sprite	146,4	14,5	19,4	10,6	622
Ford Cortina GT	149,6	13,9	18,7	9,2	825
Ford Cortina-Lotus	172,1	9,9	17,4	7,4	1.028
Mini-Cooper (998 cm³)	144,8	16,8	20,1	11,6	600
Mini-Cooper 1275S	154,4	11,2	18,4	10,3	791
Renault 8 Gordini	170,5	12,3	18,8	8,8	1.001
Sunbeam Imp Sport	144,8	16,3	20,2	11,6	665

Abaixo: Em Abingdon, o trabalho nas oficinas dos carros de corrida de fábrica era sempre intenso, especialmente na preparação para o Rali de Monte Carlo, no qual, por tradição, frequentemente eram usados carros zero--quilômetro.

O Mini-Cooper: vitórias em série no automobilismo

Entre 1964 e 1967, o 1275S se tornou o carro de competição mais bem-sucedido da Europa. Não importava o quanto seus concorrentes se esforçassem: os Minis de tração dianteira venceram mais corridas e ralis do que qualquer de seus rivais. Fossem carros de rali da equipe oficial de fábrica, carros com apoio da fábrica ou carros de particulares bem preparados e com patrocínio, o Mini conseguia se manter na frente e derrotar alguns dos carros de competição mais potentes da Europa.

Carros de rali de fábrica

Para ter uma ideia de até que ponto os carros ultradesenvolvidos e lindamente preparados tinham chegado em Abingdon, é preciso dar uma olhada na lista de vitórias da página seguinte. Ela mostra

Maiores vitórias em ralis 1965-1967

Ano	Rali	Carro
1965	Monte Carlo (Timo Makinen)	Cooper s 1.275 cm³
	Circuito da Irlanda (Rauno Aaltonen)	Cooper s 1.275 cm³
	Genebra (Rauno Aaltonen)	Cooper s 1.275 cm³
	Tcheco (Rauno Aaltonen)	Cooper s 1.275 cm³
	Polonês (Rauno Aaltonen)	Cooper s 1.275 cm³
	1000 Lagos (Timo Makinen)	Cooper s 1.275 cm³
	Three Cities (Rauno Aaltonen)	Cooper s 1.275 cm³
	RAC (Rauno Aaltonen)	Cooper s 1.275 cm³
1966	Monte Carlo (Timo Makinen)*	Cooper s 1.275 cm³
	Circuito da Irlanda (Tony Fall)	Cooper s 1.275 cm³
	Tulipas (Rauno Aaltonen)	Cooper s 1.275 cm³
	Alpino austríaco (Paddy Hopkirk)	Cooper s 1.275 cm³
	Escocês (Tony Fall)	Cooper s 1.275 cm³
	Tcheco (Rauno Aaltonen)	Cooper s 1.275 cm³
	Polonês (Tony Fall)	Cooper s 1.275 cm³
	1000 Lagos (Timo Makinen)	Cooper s 1.275 cm³
	Three Cities (Rauno Aaltonen)	Cooper s 1.275 cm³
1967	Monte Carlo (Rauno Aaltonen)	Cooper s 1.275 cm³
	Circuito da Irlanda (Paddy Hopkirk)	Cooper s 1.275 cm³
	Acrópolis (Paddy Hopkirk)	Cooper s 1.275 cm³
	Genebra (Tony Fall)	Cooper s 1.275 cm³
	1000 Lagos (Timo Makinen)	Cooper s 1.275 cm³
	Alpino francês (Paddy Hopkirk)	Cooper s 1.275 cm³

* Desclassificado depois do evento, em função de um detalhe técnico relativo à operação de um farol.

Acima, à direita: Serviço no box para um dos modelos Mini-Cooper s oficial de fábrica, que eram os carros de rali mais bem-sucedidos da Europa, em meados dos anos 1960. O macaco rápido foi uma das inovações que a equipe de Abingdon desenvolveu naqueles anos.

À direita: Admitidos como "Número 1" para o Rali do RAC de 1964, em reconhecimento pela famosa vitória no Rali de Monte Carlo, Paddy Hopkirk e Henry Liddon largam no rali em Londres. O CRX 90B, que eles pilotavam, era zero-quilômetro.

que, após 1964, quando o 1275s entrou em operação, e depois que a equipe aprendeu a preparar bem os motores e a conferir resistência às transmissões, essa máquina passou, então, a mostrar uma capacidade inacreditável.

Em 1965, a Abingdon tinha levado ao seu maior desenvolvimento possível um carro esporte concorrente, o Austin-Healey 3000, e foi surpreendente constatar que o 1275s frequentemente conseguia ser mais rápido. O "Big Healey" (como era carinhosamente conhecido) era certamente mais veloz nas provas especiais em asfalto, ou em pistas de corrida, mas o 1275s totalmente desenvolvido era muito mais rápido em todos os pisos, exceto nas provas especiais na terra mais acidentada. Além disso, quando o 1275s quebrava, os mecânicos conseguiam consertá-lo melhor e mais depressa que o Healey.

Mesmo assim, Abingdon tinha que tratar esses carros como consumíveis, porque na mão de seus pilotos superfamosos – Paddy Hopkirk, Timo Makinen, Rauno Aaltonen e Tony Fall – as máquinas eram dirigidas tão rapidamente que ficavam demolidas. Entre

1964 e 1967, frotas de modelos Mini-Cooper S foram preparadas e repreparadas para a batalha. O excelente livro de Peter Browning, *The Works Minis* [*Os Minis de fábrica*], mostra que foram nada menos que 37 carros licenciados, com identidade nova. Fora isso (como é bem conhecido), todo carro de rali que tivesse ficado extensamente avariado recebia nova carroceria, e às vezes mais de uma "identidade" foi tida como sobrevivente. Tenho certeza de que mais de cem "carros" diferentes foram usados naquele período. De vez em quando, corre a notícia de que há por aí dois carros sobreviventes com a mesma "identidade" – e ambos os proprietários podem ter razão.

A propósito, ao longo do tempo não se estabeleceu uma política que protegesse o uso das identidades Austin ou Morris. Junto com a escolha geográfica de alguns eventos, isso às vezes dependia da influência e da relevância do importador ou da rede de concessionárias naquele país específico. Alguns carros de fábrica mudaram o emblema de sua identidade no mínimo uma vez durante a sua existência, e há registro de ocasiões em que o caos era tanto, que ambos os emblemas Austin e Morris (na dianteira, traseira, e no botão da buzina, no volante) apareciam aplicados no mesmo carro, ao mesmo tempo, no mesmo evento.

O 970S não cra usado em rali, exceto quando havia prêmios específicos ou bônus valiosos de classe e financeiros. Quando o último Mini-Cooper S de 997 cm³ foi aposentado, Abingdon praticamente só inscrevia os 1275S. Embora naquela época a política de marketing da BMC fosse promover os méritos da suspensão Hydrolastic, um número surpreendente desses Minis de fábrica ainda era equipado com a antiga suspensão de mola de borracha cônica ou então tinha torneiras da suspensão "molhada" ocultadas sob o banco traseiro, para que a transferência frente-ré do fluido Hydrolastic pudesse ser fechada.

Assim como na política relativa aos emblemas, um carro de fábrica podia ser "molhado" em determinado momento e "seco" em outro, porque ambos os sistemas eram homologados e não havia grandes problemas de instalação na troca de um pelo o outro. A preferência dos pilotos sempre era levada em consideração e, como não havia o conceito de "o carro do Paddy" ou "o carro do Timo", isso podia tornar a preparação e a repreparação ainda mais complexas.

À esquerda: Pronto para a batalha! O GRX 195D fazia parte da frota de carros de rali de fábrica preparados em Abingdon nos anos 1960. Timo Makinen venceu o Rali finlandês 1000 Lagos de 1967 pilotando esse carro.

Abaixo: Paddy Hopkirk e Henry Liddon levando adiante o seu 1275S oficial de fábrica, no Rali escocês de 1965.

Enquadramento nos regulamentos dos ralis

Os regulamentos dos ralis também influenciavam a maneira como um carro era preparado. Alguns eventos (como o notório Rali de Monte Carlo de 1966) eram voltados para veículos do Grupo 1 (carro de série conforme é vendido na concessionária), em que poucas alterações podiam ser feitas. Outros seguiam as regras do Grupo 2, em que podiam ser usados todos os itens extras homologados pelas fábricas, incluindo motores de mais de 100/110 cv, caixas de câmbio com engrenagens de dentes retos, rodas Minilite, bancos especiais e uma série de outras peças.

Onde havia alguma vantagem a ganhar, os mesmos carros podiam ser inscritos no Grupo 3 (Grã-Turismo) ou até no Grupo 6 (Protótipo), em que itens especiais, sem necessidade de homologação, podiam ser usados, como painéis de carroceria em alumínio ou plástico reforçado com fibra de vidro, janelas laterais e traseiras de acrílico, e onde o peso excedente podia ser grandemente eliminado. Por todas essas razões, é quase impossível responder à pergunta: "O que vai dentro de um Mini de rali de fábrica?" – e também torna difícil a identificação ou a autenticação de um daqueles "cascos" que ficam esquecidos em algum celeiro, e que às vezes é reivindicado como sendo um carro de rali oficial de fábrica reencontrado depois de anos desaparecido.

Algumas vitórias famosas do Mini se tornaram lendárias entre os fãs do carro – o melhor exemplo são as do Rali de Monte Carlo em 1965 e 1967 –, mas a desclassificação de Timo Makinen no evento de 1966 (depois de ter vencido "no percurso") também tem espaço próprio no Salão da Fama do Mini. Naquele rali, os organizadores foram seriamente acusados de favorecer os carros franceses para que vencessem uma das categorias do evento, a de "carros de salão de vendas", e os comissários técnicos teriam se apegado a detalhes (no caso, as lâmpadas dos faróis de quartzo de iodo com

À direita: Em um Mini-Cooper S de rali oficial de fábrica dos anos 1960 não sobrava muito espaço no porta-malas, porque havia dois tanques de combustível, e o estepe era amarrado no assoalho.

À direita: No Rali de Monte Carlo de 1966, a fina pilotagem de Rauno Aaltonen no GRX 55D foi frustrada com uma desclassificação por causa de um detalhe técnico relativo a um farol – mas, em 1967, ele retornou e venceu a prova.

Na extrema direita: No Rali de Monte Carlo de 1966, Paddy Hopkirk chegou em terceiro lugar com este 1275S novo e sem nenhuma modificação, mas, em seguida, foi desclassificado por conta de uma questão técnica a respeito de um farol.

À direita: A terceira vitória oficial (a quarta de fato) do Mini-Cooper S no Rali de Monte Carlo foi em janeiro de 1967, quando Rauno Aaltonen derrotou todos os carros (inclusive Lancias e Porsches) e afirmou uma conquista que se tornou célebre.

À esquerda: O museu British Motor Industry Heritage Trust estava orgulhoso de cuidar de três famosos modelos 1275S de fábrica depois de eles terem vencido o Rali de Monte Carlo – assim, exibiram os carros dessa forma criativa mostrada na foto. Da esquerda para a direita: o carro 33 EJB *venceu em 1964, o* LBL 6D *ganhou em 1967, e o* AJB 44B *levou as honras em 1965.*

filamento único), para garantir que os Minis fossem desclassificados.

Todos os pilotos superfamosos venceram vários grandes eventos internacionais logo de saída, embora apenas Rauno Aaltonen, que foi gerenciado adequadamente pela BMC nas provas especiais, tenha vencido o Campeonato Europeu de Rali com cinco vitórias na mesma temporada. Timo Makinen era amplamente reconhecido como o piloto mais veloz do mundo nesse período, mas era quem mais castigava os carros, o que explica a quantidade de abandonos. Rauno Aaltonen, por outro lado, era o mais analítico e vivia fazendo esboços das modificações que queria nos carros em qualquer superfície branca que aparecesse pela frente – em uma célebre ocasião, ele desenhou na toalha branca do restaurante onde estava jantando!

Os Minis de rali da fábrica mereciam vencer mais que um Rali do RAC (Aaltonen em 1965 – derrotou o Healey 3000 de Makinen, em uma luta o tempo todo em trechos nevados) e mereciam ganhar mais que dois ralis Alpinos franceses (a vitória de Paddy em 1967, em um carro do Grupo 6, foi célebre), mas claro que seria pedir demais que Aaltonen abocanhasse o Safári de 1967 pilotando um 1275S (um carro que tinha o seu próprio kit de bombeamento da suspensão Hydrolastic a bordo).

Um dos maiores responsáveis por levar esses carros ao maior desempenho possível foi Stuart Turner, chefe de equipe em Abingdon. Quando ele saiu de lá, em janeiro de 1967, Peter Browning assumiu de forma competente até 1970, quando os últimos Minis preparados competiram em ralis.

À esquerda: Se Rauno Aaltonen não tivesse ganhado uma inscrição patrocinada para o Safári da África Oriental de 1967, provavelmente nunca teria levado esse Mini a enfrentar a lama e a poeira do Quênia. O carro tinha equipamento de bombeamento para a suspensão Hydrolastic a bordo, faróis de longo alcance perto do para-brisa e grandes alças nos quatro cantos. O carrinho galante deu o seu melhor, mas infelizmente não se adaptou à natureza selvagem.

Carros de corrida de fábrica

Após o sucesso do Campeonato Europeu de Turismo de 1964, as equipes contratadas de Abingdon se viram mais e mais pressionadas pelos "homologation specials" que tinham sido lançados pelos seus concorrentes: tais carros, estivessem ou não nas classes do Mini-Cooper, também eram construídos com a intenção de dominar a classe e geralmente tinham motores muito diferentes dos seus correspondentes de série.

Por essa razão, Abingdon se concentrou no campeonato britânico, com incursões ocasionais em eventos importantes fora da Grã-Bretanha. Isso explica por que três carros de fábrica foram enviados para Sebring, na Flórida, Estados Unidos, em março de 1965, onde Warwick Banks/Paddy Hopkirk (que tiveram problema de alimentação de combustível) chegaram à final logo atrás de um carro ex-Broadspeed Engineering Ltd. (empresa especializada em modificar motores), vencedor na classe.

Na Grã-Bretanha, em 1965 os carros da Cooper Car Co. eram pilotados por John Rhodes (categoria 1.300 cm³) e Warwick Banks (categoria 1.100 cm³), e os maiores concorrentes da categoria eram os carros da Broadspeed particulares (pilotados por John Fitzpatrick e John Handley). Depois de uma sonora batalha com os Ford Anglias Superspeed de 1,3 litro, Rhodes venceu na sua classe, enquanto Banks ganhava facilmente a categoria de 1 litro e levava o segundo lugar na classificação geral do campeonato. Nessa temporada, por sinal, os carros Broadspeed algumas vezes se mostraram mais velozes que os da Cooper Car Co., o que foi embaraçoso. Mas a situação não persistiu em 1966, porque a Broadspeed desistiu e passou a fazer a campanha de Ford Anglias!

Para 1966, por pressão de fabricantes concorrentes da BMC, o British Racing and Sports Car Club mudou completamente o regulamento do seu campeonato. Dali por diante, a corrida seria sob o regulamento do Grupo 5 da FIA, que, na prática, era uma fórmula livre, em que a carroceria original e o bloco do motor original tinham que ser mantidos, mas quase todo o resto podia ser mudado. Isso significava que carros com especificação fraca, como o Ford Anglia Super, podiam se beneficiar enormemente, ao passo que carros de rua bem desenvolvidos, como o 1275S, tinham pouco a ganhar.

Acima: John "Smoking" Rhodes era o piloto mais rápido de todos os Mini-Coopers S e líder da equipe de carros de fábrica de John Cooper, no Campeonato Britânico de Turismo, em meados de 1960.

Topo, à direita: O último derivado do Wolseley Hornet manteve a configuração de instrumentos igual à do Mini-Cooper e trambulador por controle remoto, bem como ventilação na altura do rosto. Na porta do passageiro, vê-se a instalação definitiva do vidro da janela de subir e descer.

À direita: O Wolseley Hornet (e o seu irmão, o Ryley Elf) continuou sendo produzido regularmente em meados dos anos 1960. No final, era fabricado na forma Mk III, com vidros das janelas de subir e descer, e motor de 998 cm³.

Em 1966, a classe de 1.300 cm³ protagonizou uma temporada inteira de batalhas por pontos entre o 1275S da Cooper Car Co., de John Rhodes, e o Ford Anglia de 1 litro da Broadspeed, de John Fitzpatrick.

No fim daquele ano, os dois carros terminaram com o mesmo número de pontos no topo das classificações, mas o 1275S, ainda com um carburador Weber duplo (em vez de dois SU) e motor de aproximadamente 120 cv, modificado pela Downtown, estava visivelmente perto do auge da sua potência, naquela forma.

A essa altura, os métodos de pilotagem de Rhodes estavam se tornando lendários (que, resumindo, eram: praticamente ignorar o pedal do freio, jogar o carro de lado antes da curva e provocar uma densa cortina de fumaça com a patinagem das rodas dianteiras enquanto negociava a curva, tudo isso com a intenção de atrapalhar a visibilidade dos outros pilotos). Nada que a Dunlop fizesse reduzia a fumaça dos pneus – mas, como Rhodes queria apenas uma banda de rodagem que durasse cerca de uma hora de corrida, não estava muito preocupado com o desgaste dos pneus...

Um ano depois, Rhodes ainda dominava a categoria de 1,3 litro, com ajuda da injeção de combustível Lucas, usada no lugar do carburador – mas a coisa estava começando a virar briga de gente grande, com os Superspeed Anglias do Grupo 5 chegando a uma potência de aproximadamente 145 cv. Mesmo assim, Rhodes triunfou por pura consistência, ganhando na sua classe de cilindrada e levando o terceiro lugar no cômputo geral do campeonato.

Para 1968, porém, seria preciso respirar fundo, porque a Broadspeed estava se armando para correr com Escorts 1300 novos e modernos.

Elf e Hornet Mk III

No capítulo anterior, eu comentei que, em 1963, os modelos Riley Elf/Wolseley Hornet foram os primeiros da família Mini a serem equipados com motor de 998 cm³: como todos os outros sedãs Mini, eles também receberam suspensão Hydrolastic e embreagem de mola de diafragma, a partir do fim de 1964.

No fim de 1966, a BMC anunciou também sedãs Riley Elf e Wolseley Hornet mais desenvolvidos, dessa vez com visual de Mk III. Revelados na véspera do Salão do Automóvel de Earls Court, a dupla Elf/Hornet ia claramente mais um passo além dos outros Minis. Embora as mudanças mecânicas não fossem significativas – o motor 38 cv/998 cm³ e a suspensão Hydrolastic eram os mesmos – a carroceria tinha sido alterada.

Esses dois carros foram os primeiros do mercado britânico a ter os vidros das janelas de subir e descer nas portas (porém, um ano antes os Minis do mercado australiano tinham sido equipados com janelas assim, mas de um tipo diferente) – sendo que essas portas, a partir de então, tinham dobradiças não aparentes. Na cabine, de cada lado do painel havia globos rotativos que proviam ventilação natural, e o pequeno trambulador por controle remoto, estilo Mini-Cooper, também virou item de série.

Mas isso tudo ainda não representava o desenvolvimento completo dos carros Elf/Hornet, que invariavelmente recebiam as melhorias feitas em outros Minis, se bem que nem sempre na mesma conjuntura: mas essa situação será descrita com mais detalhe no próximo capítulo.

Estabilidade – mudança a caminho

Em 1966 e 1967, observadores fiéis da BMC perceberam que a linha e as especificações do Mini estavam ficando acomodadas. Mas, para ser justo com os engenheiros e planejadores da BMC, é preciso reconhecer que eles estavam muito ocupados com outras coisas – em particular, desenvolvendo mais e mais derivados do 1100, colocando no mercado os primeiros 1100 com motor 1.275S despotenciado e levando o grande 1800 de tração dianteira para os salões de venda das concessionárias.

Mas a verdade é que pouca inovação foi feita no Mini depois do lançamento da opção com caixa automática. Os observadores concluíram que isso significava que alguma coisa nova estava sendo planejada pela BMC. E eles estavam certos. O Mini estava prestes a ser redefinido – primeiro em 1967, depois em 1969.

Especificações: Mini-Cooper 1275S – 1964-1967

MOTOR

Descrição
Motor de quatro cilindros em linha, com bloco e cabeçote de ferro fundido. Comando de válvulas no bloco acionado por corrente, válvulas no cabeçote operadas por varetas e balancins. Câmaras de combustão em formato de coração. Pistões de liga de alumínio, bielas de aço forjado. Virabrequim com contrapesos de três mancais.

Cilindrada
1.275 cm³

Diâmetro e curso
70,64 mm x 81,33 mm

Taxa de compressão
9,75:1

Potência máxima
76 cv a 5.800 rpm

Torque máximo
10,9 kgfm a 3.000 rpm

Carburador
Dois carburadores SU HS2 de 1¼ pol (31,7 mm)

TRANSMISSÃO

Caixa de câmbio
Quatro marchas, com sincronizador nas três superiores

Relações	De série	Esportiva
1ª	3,198:1	2,565:1
2ª	1,915:1	1,780:1
3ª	1,354:1	1,240:1
4ª	1,000:1	1,000:1
Ré	3,198:1	2,565:1

Embreagem
Mola de diafragma Borg and Beck, 180 mm

Redução final
Engrenagens cilíndricas helicoidais, relação 3,44:1 (3,765:1 opcional)

FREIOS

Dianteiro
Lockheed de tambor, 190 mm de diâmetro

Traseiro
Lockheed de tambor, 184 mm de diâmetro

Operação
Lockheed hidráulico, servoassistido a vácuo

Freio de estacionamento
Alavanca, com ligação por cabo aos tambores traseiros

SUSPENSÃO

Dianteira
Independente, molas de borracha cônicas (unidades de suspensão Hydrolastic, com conexão para a suspensão traseira, a partir do final de 1964), tipo triângulos superpostos, amortecedores telescópicos

Traseira
Independente, molas de borracha cônicas (unidades de suspensão Hydrolastic, com conexão para a suspensão dianteira, a partir do final de 1964), braços arrastados, amortecedores telescópicos

DIREÇÃO

Tipo
Pinhão e cremalheira

Número de voltas entre batentes
2⅓

Diâmetro mínimo de curva
9,75 m, aproximadamente, entre guias

Volante
Dois raios, 40 cm de diâmetro

RODAS E PNEUS

Roda
Aço, com 3½ J x 10 (inicialmente eram opcionais 4½ J, passando a item de série no final de 1965)

Pneu
Radial, 145-10

DESEMPENHO

Teste de rua da revista *The Autocar*, 14 de agosto de 1964

Velocidade máxima
154 km/h

Aceleração

0-48 km/h	3,5 s
0-80 km/h	8,2 s
0-96,5 km/h	11,2 s
0-112 km/h	15,4 s
0-128 km/h	23,4 s
0-144 km/h	34,7 s
0-402 m	18,4 s

Consumo médio de combustível
10,1 km/l

DIMENSÕES

Comprimento
3.054 mm

Largura
1.397 mm

Altura
1.346 mm

Distância entre eixos
2.036 mm

Bitolas
Dianteira: 1.207 mm
Traseira: 1.176 mm

Distância mínima do solo
152 mm

Peso em ordem de marcha
696 kg

MINI 1275 GT

MINI MK II, MK III, CLUBMAN E INNOCENTI 1967–1990

1967–1969 A atualização do Mk II e a marca "Mini"

Este livro narra a trajetória de um carro célebre, com seus altos e baixos – entretanto, para que a história fique completa, é preciso falar também das vicissitudes da empresa que o inventou. Para entender como e por que o Mini mudou no final dos anos 1960, é importante conhecer as viradas financeiras da BMC naquela época.

A BMC sempre foi afetada por greves não oficiais em suas fábricas e pelas oscilações financeiras de seus principais fornecedores. Esse constante estado de coisas acabou levando a uma diminuição na produção, consequentemente a uma perda de vendas, e, também, a uma perda de lucro – desse modo, muitas vezes foi preciso suspender o investimento em novos modelos de carro.

Em termos corporativos, a situação ficava mais difícil, porque a BMC tinha ainda que digerir duas fusões recentes – a aquisição da Pressed Steel, em 1965, e da Jaguar (mais a Daimler, a Coventry-Climax e a Guy and Meadows), em 1966. O resultado foi a fundação da British Motor Holdings, um novo conglomerado que demoraria para se estabelecer.

Sem capital para substituir o Mini

Alec Issigonis, seus engenheiros e os estilistas sabiam o que queriam fazer no Mini, fosse para continuar a aprimorá-lo ou para eventualmente substituí-lo, mas a falta de lucro da empresa impossibilitava qualquer ação. Em 1965, o lucro da BMC (depois do imposto) foi de 16,3 milhões de libras; em 1966 foi de 15,1 milhões, mas em 1967 caiu para apenas 3,9 milhões. Embora a empresa mantivesse a aparência, o fato é que esses números eram inadequados. Como o investimento tinha que ser distribuído entre vários modelos, o Mini deixou de ser prioridade imediata. (Em 1967, a despesa maior foi com o novo Austin Maxi e seu novo motor Austin de 3 litros, e com a revisão da série A e da série C, que eram os motores do Mini e do 3-litros, respectivamente.)

O plano diretor de Alec Issigonis na época contemplava uma série totalmente nova de pequenos motores de quatro cilindros e seis cilindros com comando de válvulas no cabeçote, e um novo modelo para substituir o Mini, codificado 9X – mas simplesmente não havia capital para colocar esses novos itens em produção.

O passo seguinte na evolução da série Mini, consequentemente, não foi a substituição do carro, nem grandes atualizações – em vez disso, optou-se por realizar uma série das chamadas "grandes pequenas" mudanças. Isso ocorreu em duas fases – primeiro, com a criação do Mk II, que teve vida curta, depois, com a introdução do modelo ADO20/Mk III.

Minis Mk II: retrabalhando onde fosse possível

Em 1967, o Mini estava próximo do seu oitavo aniversário. Fábricas de automóveis que estavam fazendo mais dinheiro e que tinham políticas de marketing mais agressivas (a Ford era um exemplo perfeito) a essa altura iam querer colocar no mercado um modelo completamente novo, mas a BMC simplesmente não tinha cacife para fazer o mesmo. Instalações e ferramental de estamparia de carrocerias construídas em 1959 já tinham produzido 1,5 milhão de carrocerias, a partir de três fontes diferentes, e algumas precisavam urgentemente ser substituídas.

Ao mesmo tempo, muito trabalho tinha sido despendido na evolução do motor da série A. Quando o Mini era novo, só existiam as cilindradas 948 cm³ e 848 cm³, mas, em 1965, havia os tamanhos 848 cm³, 970 cm³, 998 cm³, 1.098 cm³ e 1.275 cm³. Era também um momento de revisão e racionalização em grande escala – e o Mini se beneficiaria com essa mudança.

Assim, em outubro de 1967 a BMC anunciou a chamada linha Mk II de Minis – que se aplicava a todo modelo "de nariz arrebitado" (sedã, perua, furgão ou picape), mas não ao Riley Elf e ao Wolseley Hornet, que tinham sido atualizados de maneira própria, em 1966.

Apesar de gastar minimamente com as novas ferramentas de estamparia, a BMC realizou mudanças significativas na carroceria, e as diferenças de estilo ficaram evidentes sob todos os ângulos. Na frente, as grades tiveram seu perfil refeito e ficaram ligeiramente maiores (os modelos Austin e Morris mantiveram as grades que já tinham); a janela da parte de trás do carro foi levemente alargada e uma lanterna traseira de modelo novo, e maior, foi instalada. Também os emblemas eram novos, na dianteira e na traseira.

Na parte de dentro, o modelo Basic estava praticamente igual, mas os modelos Super De Luxe agora tinham um quadro de instrumentos com três mostradores (do tipo do Mini-Cooper), bancos reestilizados e (a BMC alegava) mais confortáveis, e trambulador por controle

Acima: O modelo Mk II Super De Luxe, de 1968, nos jardins do centro de Longbridge (com o prédio administrativo principal da BMC ao fundo, chamado de "The Kremlin"). Tinha algumas diferenças visuais em relação ao Mk I, com destaque para a grade dianteira maior.

Na página ao lado: Os derivados tipo perua do Mk II vinham com ou sem detalhes decorativos em madeira – este da foto é a versão toda em aço.

remoto, inicialmente visto nos Mini-Coopers (e, mais tarde, na dupla Elf e Hornet).

Mecanicamente falando, no Super De Luxe o grande aperfeiçoamento nos sedãs, furgões e picapes foi a escolha entre motores de 34 cv/848 cm³ e 38 cv/998 cm³. Nas peruas Countryman/Traveller, foi adotado como item de série o motor 998 cm³. Motores maiores foram acoplados à redução final mais longa (do tipo do Cooper S), de 3.44:1, e o câmbio automático de quatro marchas AP continuou opcional nos dois modelos. Semanas depois, a hélice do ventilador do radiador passou a ser de plástico, também de série.

Uma mudança significativa no chassi foi a revisão no conjunto de direção de pinhão e cremalheira, que, aliada a braços de direção mais compridos, contribuiu para reduzir o diâmetro mínimo de curva, que já era pequeno, de 9,75 m para apenas 8,53 m.

O Mini original sempre foi manobrável, mas a variedade mais recente ficou ainda mais.

Assim, desse momento em diante a linha contava com nada menos que oito diferentes derivados Mini Austin/Morris:

Austin/Morris Mini 850
Austin/Morris Mini 850 Super De Luxe
Austin/Morris Mini 1000 Super De Luxe
Austin Mini Countryman/Morris Mini Traveller (998 cm³ como item de série)
Austin/Morris Mini 850 furgão
Austin/Morris Mini 1000 furgão
Austin/Morris Mini 850 picape
Austin/Morris Mini 1000 furgão

Nas semanas seguintes, Minis Mk II seriam produzidos em Longbridge e em Cowley, mas a linha de montagem do Mini em Cowley seria fechada definitivamente em janeiro de 1968, para dar espaço ao futuro Austin Maxi.

Acima: Nos Mk II, a BMC ainda fazia questão de colocar emblemas diferentes no capô – o da foto é Morris...

À direita: ... mas na tampa do porta-malas, a empresa colocava emblemas comuns.

Mini-Coopers Mk II

Os Minis com emblema Cooper também se tornaram Mk II, junto com os Minis do mercado de massa, mas naquele momento eram comercializados apenas o Mini-Cooper de 998 cm³ e o de 1.275 cm³. Mudanças feitas na carroceria foram compartilhadas com os carros do mercado de massa, mas dali em diante os Austin e Morris passaram a ter o mesmo estilo de grade de radiador (com sete barras cromadas horizontais). A única diferença entre as duas marcas ficou

O Mini 1000 Mk II e seus concorrentes em outubro de 1964

Marca e modelo	Velocidade máxima (km/h)	0-96,5 km/h (segundos)	0-402 m (segundos)	Consumo (km/l)	Preço total (libras)
Fiat 850S	122,2	26,8	22,9	14,9	559
Ford Anglia De Luxe	122,2	29,4	23,0	15,3	596
Hillman Imp De Luxe	130,3	23,7	21,8	16,1	567
Honda N600	131,9	18,3	21,1	14,9	510
Mini 1000 Super De Luxe	120,6	26,2	22,7	14,5	579
NSU Prinz 4L	115,8	27,7	23,6	15,8	584
Renault 4L	106,1	38,1	24,6	15,8	559
Simca 1000LS	125,5	22,5	21,8	13,6	619
Skoda 1000MB De Luxe	120,6	30,8	23,6	13,2	600
Volkswagen 1200 Beetle	114,2	27,5	22,9	13,2	595
Wolseley Hornet III	123,8	24,1	22,4	14,9	629

À esquerda: Embora o Mini-Cooper S fosse o modelo mais glamoroso, o Mini-Cooper Mk II de 998 cm³ da foto vendia muito mais. Com emblema da Austin e pneus radiais Dunlop, era um carro familiar muito popular nas ruas britânicas.

Na extrema esquerda: Diferentemente dos primeiros modelos Mk I, o Mini-Cooper S Mk II revisado tinha, para o ano de 1968, janela traseira maior e novos emblemas. Os dois tanques de combustível tinham se tornado itens de série no início de 1966.

À esquerda: Para enfatizar a personalidade bem britânica do Mini-Cooper S, a BMC fotografou um Mk II diante do Parlamento de Londres.

À direita: Nem todos os modelos Mini-Cooper S Mk II tinham carroceria de duas cores, mas todos tinham dois tanques de combustível, pneus radiais, uma grade dianteira diferente e novo emblema no capô.

sendo o emblema – nessa época não era incomum carros de competição de fábrica surgirem na largada dos eventos com uma mistura involuntária de emblemas na dianteira e na traseira!

Do ponto de vista mecânico, houve pouca mudança em relação ao último dos Mk I – a potência do 1275S, por exemplo, nunca saiu da sua especificação original de 76 cv a 5.800 rpm – embora o Cooper S fosse o primeiro a se beneficiar da nova caixa de câmbio totalmente sincronizada, no decorrer de 1968. O último dos modelos Cooper S Mk II seria produzido no final de 1969, mas o Mk III modelo ADO20 substituto só começaria a ser vendido em março de 1970.

Novas caixas de câmbio e produção ascendente

A chegada da caixa de quatro marchas totalmente sincronizada foi inicialmente anunciada pela BMC no final de 1967, mas

À direita: Sob o capô, a configuração deste Mini-Cooper 1275S Mk II inclui servofreio a vácuo e, especificamente neste carro, carburadores SU maiores que o normal.

Na página ao lado: No final de 1967, a frente do Mini-Cooper 1275S mudou e a grade passou a ter um espaçamento de lâminas maior. Além disso, Coopers Austin e Morris passaram a ter grades iguais.

DWL 293F

se tratava de mais um dos lançamentos prematuros da BMC/British Leyland, para dizer o mínimo. No caso, o câmbio totalmente sincronizado (com as mesmas relações internas que os modelos originais) foi gradualmente introduzido ao longo de 1968, mas até outubro ainda não tinha sido incluído em todos os modelos – Mini, Mini-Cooper, Cooper S, Riley Elf e Wolseley Hornet. Depois dessa, nenhuma outra mudança seria feita na configuração do câmbio dentro do cárter nos 25 anos seguintes.

O ano de 1968 foi marcante para toda a linha Mini – a British Leyland foi formada nesse período (pela fusão da British Motor Holdings com o Leyland Group) e a participação de Alec Issigonis nos desenvolvimentos técnicos – em particular no aprimoramento do Mini – foi encerrada. Seu projeto de substituição ainda não autorizado (de código 9X) foi congelado, e o que agora era chamado Austin-Morris se concentrou em continuar o desenvolvimento dos Minis existentes.

A produção de Minis Mk II elevou-se consideravelmente. Em 1967, foram fabricadas 237.227 unidades de Minis Mk I e Mk II, em 1968 esse número subiu para 246.066 e, em 1969, para nada menos que 254.957. Foi um recorde de produção de Minis, até então, mas esse número seria logo ultrapassado.

Em 1971, a produção anual atingiria o pico de 318.475 e, daí por diante, começaria a cair gradualmente.

Acima: Para 1968, o visor do painel de instrumentos do Mini--Cooper S Mk II era virtualmente o mesmo dos modelos 1964-1967, já bastante familiar.

Os últimos modelos Riley Elf e Wolseley Hornet

Em outubro de 1967, a caixa automática AP de quatro marchas, engenhosamente configurada, se tornou opcional nos modelos Elf e Hornet, a um custo de 92 libras: esse item era opcional nos Minis Austin/Morris desde o fim de 1965. O valor pode não soar muito elevado, mas em 1967 representava um aumento de 15% (o equivalente hoje seria cerca de 1.300-1.400 libras) – isso explica por que houve poucas encomendas!

Em 1968 (nos manuais é mencionado o mês de agosto, mas isso constava de uma longa introdução, que foi retirada), a caixa de câmbio totalmente sincronizada da BMC, modelo último tipo, finalmente substituiu a caixa de câmbio original. A existência dessa caixa tinha sido revelada no fim de 1967, mas era típico da BMC (que logo se tornaria British Leyland) anunciar um item e não tê-lo imediatamente disponível.

Logo que a Britsh Leyland foi criada (formalmente, em maio de 1968), a nova direção começou a enxugar as várias linhas – a exclusiva carroceria do Elf e do Hornet foi uma das primeiras a ser objeto de ponderação. Como estavam sendo fabricadas apenas cerca de quinhentas unidades desses carros por mês, e a carroceria deles era exclusiva e desajeitada de ser produzida, o Elf e o Hornet se tornaram alvos óbvios de cancelamento.

Desse modo, no fim de 1969 – e logo antes de os vidros das janelas de subir e descer chegarem aos Minis britânicos – os modelos Elf e Hornet foram descontinuados. De fato, este foi também o fim do Riley, mas não ainda do Wolseley, que sobreviveria até 1975, no visual de um modelo maior.

Durante a sua existência, o Riley Elf e o Wolseley Hornet tiveram uma imagem de marketing que era própria deles – precisamente a que os planejadores da BMC tinham criado. De todos os Minis, foram os carros mais bem equipados e os que tiveram a especificação mais completa. Mas eram ligeiramente mais pesados, e, por isso, um pouco mais lentos que os modelos Austin/Morris.

O fim do Mini-Cooper

Praticamente ao mesmo tempo que os modelos Elf e Hornet foram cancelados, a British Leyland também decidiu descontinuar o Mini-Cooper (mas não o Mini-Cooper S). Mas pelo menos a empresa fez isso de forma limpa, imediatamente antes do lançamento dos modelos ADO20 com vidros das janelas de subir e descer, que tinham sido bastante alterados.

Os números oficiais mostram que na década de 1960 eram produzidos anualmente cerca de 12.000 a 14.000 Mini-Coopers. Quando o modelo foi descontinuado, a British Leyland alegou que isso representava apenas 5% da produção total de Minis, e que o modelo tinha certos itens exclusivos, como, por exemplo, freios a disco nas rodas dianteiras e motor de 998 cm³ com dois carburadores. Mas o verdadeiro motivo do cancelamento era bem mais mundano.

Logo que assumiu em Longbridge, Sir Donald (depois Lord Donald) Stokes ordenou o corte de consultores e o pagamento de royalties a pessoas como Cooper e Healey, que tinham o nome ligado a algum dos carros "dele". Stokes assegurou que sua equipe podia manter o mesmo nível de excelência sem a ajuda deles, e sem custo adicional. Seu primeiro esforço de "baixo custo", como veremos no próximo capítulo, foi desenvolver o Mini 1275GT de um carburador e frente longa.

Desse modo, Daniel Richmond (cuja comprovada competência em cabeçote/vazão era inestimável para a equipe de engenharia) foi demitido, enquanto Donald Healey ficou sob aviso prévio, assim como John Cooper.

Com isso, no fim de 1969 a produção do Mini-Cooper diminuiu (mas não a do Cooper S) e foi encerrada antes da conversão para as carrocerias Mini "ADO20". Se o Mini-Cooper S não tivesse sido um contínuo sucesso no automobilismo, provavelmente também teria parado de ser fabricado em 1969. Na realidade, o Cooper S foi ressuscitado com vidros de janela de subir e descer – teoricamente, em novembro de 1969, mas de fato em março de 1970. No fim das contas, foram produzidos 64.224 Mini-Coopers Mk I, junto com 16.396 Mk II (desde o final de 1967) – um total geral de 80.620 carros. Apesar da eventual visão fria dos contadores, o Mini-Cooper deve ter sido um projeto altamente lucrativo – e John Cooper é merecedor de cada royalty que recebeu.

O Mini-Cooper S no automobilismo

Quando ocorreu a fusão da British Motor Holdings com a Leyland Motors, em janeiro de 1968, formando a British Leyland, Abingdon não tinha ideia do impacto que isso teria nas suas atividades de corridas e ralis. Logo depois que a fusão foi formalizada, a British Leyland iniciou um programa de racionalização, e deixou claro que todas as marcas da corporação – incluindo Rover e Triumph – seriam consideradas para futuros programas de automobilismo.

Felizmente para Peter Browning e a Cooper Car Co., quando isso foi anunciado a temporada de 1968 já estava em andamento. Por coincidência, naquele ano o 1275S foi aos poucos sendo superado por novos concorrentes, principalmente os Fords. Em 1969, com a obsessão da British Leyland em competir só onde o sucesso fosse praticamente garantido, todos os programas de carros oficiais de fábrica foram reduzidos.

Em 1968, embora não houvesse mais vitórias logo de saída para comemorar, o 1275S ainda foi ultracompetitivo, como mostram as seguintes colocações: terceiro lugar no Rali de Monte Carlo (Aaltonen), terceiro no Rali das Tulipas (Vernaeve) e segundo no Rali escocês (Ytterbring). Mas tinha sido um programa limitado, porque Abingdon estava se concentrando em preparar carros 1800 para o Safári e a Maratona Londres-Sydney.

Fora o segundo lugar de Paddy Hopkirk na classificação geral do Circuito da Irlanda de 1969, e uma bela vitória na classe, na Volta da França, não haveria nenhuma inscrição de carros de fábrica. Os conselheiros de Lord Stoke garantiram que Abingdon se dedicasse a corridas e rallycross, nos quais a plateia era maior e as despesas, menores.

O rallycross foi inventado no fim dos anos 1960, para ajudar a TV a preencher a programação das tardes chuvosas de domingo. Era uma mistura de autocross (carros competindo contra o relógio em solo não pavimentado) com corrida (poucos carros em superfícies mistas) e se tornou muito popular. Como tração e estabilidade eram requisitos importantes, modelos 1275S bem aliviados logo passaram a marcar presença (pilotados por heróis como Hugh Wheldon e "Jumping Jeff" Williamson).

A política de Lord Stoke de "Conquiste vitórias onde o público possa assistir você ganhando" direcionou Abingdon a inscrever carros na série de inverno de 1968/1969 da ITV, rede de TV britânica. Inicialmente, a equipe estava em desvantagem, em razão da total falta de experiência na preparação de carros, mas acabou fornecendo a John Rhodes e John Handley carros cada vez melhores. A primeira vitória veio em abril de 1969 e, no final, a perseverança de Rhodes resultou na conquista do segundo lugar na classificação geral da série do Campeonato Europeu. Mas esse processo todo foi uma participação-teste que não se repetiu.

Em 1968, a Cooper Car Co. dirigiu a equipe "oficial" de corrida do 1275S (John Rhodes e Steve Neal foram os pilotos) e também apoiou, no Campeonato Europeu,

À esquerda: É o Maxi--Mini original? Dois Minis agregados por uma boa quantidade de lataria resultaram nessa vistosa peça de exibição para os salões de venda das concessionárias!

e terminou em terceiro na classificação geral da série.

Foi nesse momento que Lord Stokes retirou todo o apoio financeiro das equipes contratadas e da Downtown Engineering. A Abingdon foi direcionada para o automobilismo (e teve que aprender do zero) e, ainda por cima, teve que competir diretamente com a equipe da Cooper Car Co., rebatizada de Cooper-Britax-Downtown.

No decorrer de 1969, John Rhodes e John Handley (Abingdon) lutaram de igual para igual com a C-B-D (Gordon Spice e Steve Neal) e com os Escorts da Broadspeed. As honras foram divididas entre as equipes, com o piloto mais bem-sucedido (Spice) terminando em segundo lugar na classe de 1,3 litro. Abingdon demorou para compensar sua total falta de experiência anterior, mas tudo se acertou no Salzburgring austríaco, em outubro, quando Rhodes e Handley ficaram em primeiro e segundo lugar na classificação geral, em uma disputada corrida de 1,3 litro.

Por incrível que pareça, enquanto todo esse combate fraternal estava acontecendo, um time particular, a Equipe Arden, construiu um novo 970S com cabeçote de oito dutos, que produzia uma potência fenomenal. Alec Pool se concentrou no Campeonato Britânico, eliminou todos os seus concorrentes e ganhou a série inteira.

Acima: Rali de Monte Carlo de 1968: Tony Fall deu tudo de si pilotando este Mini-Cooper 1275S, mas não conseguiu ser páreo para o Porsche 911 de 200 cv, e acabou chegando em quarto lugar.

À direita: No Campeonato Britânico de Turismo de 1969, Alec Poole venceu na sua categoria, pilotando este Mini-Cooper 970S altamente modificado. Como o campeonato tinha um sistema de pontuação ligado à melhoria de classe, ele venceu também a série toda.

o carro 970S de John Handley, preparado pela British Vita.

A experiência de Handley aliada à competência da British Vita na preparação de carros levou essa equipe pequena e cordial a vencer na classe e, em função do sistema de pontuação, a também ganhar o Campeonato Europeu inteiro. Mas, para a Cooper Car Co. a luta foi bastante árdua. Mesmo equipados com motores de 1.293 cm³ com injeção de combustível, que produziam cerca de 145 cv, Rhodes e Neal tiveram que travar uma batalha de velocidade com os Escorts GT de 145 cv da Broadspeed. Se os Fords fossem mais duráveis, a disputa teria sido ainda mais dura, mas a boa notícia para Abingdon foi que John Rhodes venceu mais uma vez a classe de 1,3 litro do Campeonato

Modernizando: o ADO20 substitui o Mini

Um pouco antes do final de 1969, a British Leyland estava pronta para lançar um grande pacote de melhorias do Mini. Para garantir que o pacote não fosse ofuscado pelo lançamento dos modelos igualmente novos Mini Clubman/1275GT (descritos no próximo capítulo), a apresentação das melhorias foi adiada para novembro, após o Salão do Automóvel de Londres.

Desde que chegara a Longbridge, na primavera de 1968, o primeiro escalão de diretores da Leyland estava decidido a imprimir autoridade a "seu" novo negócio. De um golpe só, o que tinha sido a BMC enquanto empreendimento foi rebatizado de Austin-Morris, e o ex-dirigente da Triumph, George Turnbull, foi convocado para ser o novo diretor-executivo. O diretor técnico, Harry Webster, que tinha construído seu nome na Triumph na década de 1960, rapidamente substituiu os métodos de gestão autocrática de Alec Issigonis – e também o engenheiro propriamente dito.

Ao examinar as finanças da Austin-Morris, os contadores da Leyland constataram que, embora o Mini representasse 50% dos carros produzidos em Longbridge e Cowley, não estava trazendo muito lucro para a corporação. Assim, a Leyland se pôs a decifrar o fenômeno Mini, a fim de começar a ganhar dinheiro de verdade com ele.

A empresa concluiu que o segredo seria racionalizar, em vez de diversificar. Mas a gestão "antiga" também tinha chegado a essa conclusão: enquanto a aquisição/fusão da British Leyland estava em andamento, em janeiro de 1968, a produção do Mini em Cowley estava sendo encerrada, para dar lugar ao Austin Maxi. Dali por diante, e durante os 32 anos seguintes, todos os Minis do Reino Unido seriam fabricados em Longbridge: as vendas e a produção continuaram, e a unidade de número 2 milhões foi fabricada em maio de 1969.

Para manter a coerência da linha Mini tal como ela vinha sendo desenvolvida, os planejadores optaram por um duplo curso de ação: lançar uma evolução mais luxuosa do modelo (que seria o Clubman/1275GT) e (dentro de limites financeiros) atualizar os modelos existentes da forma mais minuciosa possível.

Na linguagem da BMC, esse foi o momento em que o ADO15 (o Mini original) se transformou no ADO20 (uma versão revisada) com muitas modificações. A partir desse ponto, os "emblemas" foram todos abandonados, a suspensão foi revertida para "seca", e as janelas com vidros de subir e descer foram incluídas, pela primeira vez, na especificação do Mini de entrada. Como já mencionado anteriormente, a opção Countryman/Traveller estava prestes a ser descontinuada (no futuro, figuraria só no derivado Clubman).

Comparando com o Mk II de 1967-1969, de estilo virtualmente igual, a carroceria foi bastante alterada. O assoalho passou por revisão, um assoalho foi colocado no porta-malas e o para-brisa recebeu moldura no seu entorno; as dobradiças externas das portas foram substituídas por dobradiças embutidas, já utilizadas nos derivados Elf/Hornet/Mini Clubman.

As portas do ADO20 tinham as janelas com vidros de subir e descer do modelo Elf/Hornet (diferentes das dos Minis produzidos na Austrália), o que era um avanço real – exceto pelo fato de que as portas ficaram consideravelmente mais grossas, e os adorados porta-objetos deixaram de existir por falta de espaço.

Do ponto de vista mecânico, a maior mudança foi a reversão da suspensão Hydrolastic ("molhada") para a de cone de borracha ("seca"), o que concretamente representou um retrocesso de cinco anos. Essa reversão foi feita por três razões principais: diferenciar (mas só até 1971) este Mini do Mini Clubman, que era maior, reduzir o custo de produção e ajustar-se à preferência do consumidor.

"Molhada" ou "seca"? Embora o sistema Hydrolastic tenha prestado um serviço muito satisfatório (lembrando que era item de série nos modelos 1100/1300, no Maxi e no 1800), o fato é que alguns clientes não gostavam da qualidade da rodagem que a suspensão "molhada" proporcionava. Independentemente da eventual crítica de exigentes jornalistas especializados, o pessoal de marketing da British Leyland concluiu que uma pequena redução no conforto de rodagem seria aceitável nesse carro de entrada. E assim foi – nunca mais esse modelo de Mini foi equipado com suspensão Hydrolastic.

Outra coisa, entre as várias mudanças e atualizações mecânicas feitas, foi a alteração na parte elétrica para terra negativo (mudança que, por sinal, estava acontecendo gradualmente em toda a indústria automobilística britânica da época). Freio a tambor nas quatro rodas e pneus diagonais ainda eram itens de série nesses carros e, como antes, os modelos com motor 850 tinham alavanca de câmbio longa, sendo que o de 998 cm³ tinha o trambulador por controle remoto do modelo Mini-Cooper.

"Mini" vira marca

Desse momento em diante, os carros passaram a ser todos Mini – não Austin ou Morris, mas Mini. Independentemente de a qual empresa se referisse o salão de vendas, os carros eram todos idênticos. Dali por diante, haveria uma única linha de emblemas, grades e esquema de cores, e todos os carros passaram a portar o brasão corporativo da British Leyland na lateral do carro, logo atrás dos arcos de roda dianteiros.

A nova linha Mini ficou assim:

Mini 850	596 libras, mais 14 libras para o aquecedor. Substituiu o Mini Mk II
Mini 1000	675 libras, mais 14 libras para o aquecedor. Substituiu o Mini Mk II Super

O câmbio automático custava 98 libras a mais.

Assim, em 1970 a série Mini abrangia um total de seis carros "desemblemados": 850, 1000, Clubman, perua Clubman, 1275GT e Cooper S. O Clubman/1275GT representa um afastamento grande em relação ao Mini que estava estabelecido no mercado e, também, uma grande arrancada na filosofia de desenvolvimento da British Leyland para esses carros – por esses motivos, deixarei sua descrição para o próximo capítulo.

Enquanto isso, a linha inteira do Mini continuou a ser produzida e vendida. Embora Longbridge fosse constantemente atingida por greves não oficiais (o que chegou a interromper a produção por períodos consideráveis), a produção passou de 278.950 em 1970 para 318.475 em 1971 (o recorde de todos os tempos) e para 306.937 em 1972.

Abaixo: Para a British Leyland de 1969, o carro da foto era o ADO20 – para os admiradores, era a primeira versão do Mini original, produzida no Reino Unido, a portar emblemas "Mini" (em vez de outra marca) e a ter janelas com vidros de subir e descer.

1969–1990
City, Mayfair, Clubman, 1275GT e edições especiais

Como descrevi no capítulo anterior, no primeiro semestre de 1969 a British Leyland fez uma revisão substancial no Mini – em linguagem de negócios, significa que o ADO15 foi transformado no ADO20. Mas, paralelamente, a corporação também colocou no mercado o primeiro Mini amplamente remodelado. Ao mesmo tempo que o ADO20 entrava em cena, a British Leyland apresentava a linha Mini Clubman, com carros mais longos e de frente quadrada. Apesar de esses dois carros terem sido apresentados com um intervalo de várias semanas, a nova engenharia estrutural envolvida era tão entremeada que eles começaram a ser produzidos juntos em Longbridge.

Essa história tem um subenredo fascinante. Vou relatar todos os fatos ligados aos modelos Clubman e 1275GT, e, também, analisar a lógica que estava por trás do lançamento dessa linha no mercado. Por que razão, por exemplo, a Britsh Leyland teve que descontinuar o Mini-Cooper para dar espaço para o 1275GT – e por que fizeram aquela frente longa? Será que existiam outros propósitos, não revelados? Será que outras alterações foram planejadas e depois canceladas?

Mudanças impopulares

O novo Mini causou controvérsia na época – e ainda causa. Quem lançou os Minis de frente longa foi a British Leyland, não a BMC. E os puristas receberam a novidade com uma chuva de protestos. O problema, naquele momento, é que a British Leyland era vista como uma "assassina". Não bastasse ter colocado no mercado um Mini com visual diferente do original, tinha também "matado" o Mini-Cooper (mas não o Cooper S), para abrir espaço para o novo.

Inicialmente, parecia que a British Leyland simplesmente não conseguia acertar. Não que esses Minis fossem fracos – as especificações mostram que, em certos aspectos, os carros estavam melhores do que antes –, mas chegaram precisamente na hora errada, quando a reputação da British Leyland já começava a balançar e a mídia estava pronta para criticar praticamente qualquer coisa nova.

Tanto na época quanto depois, nada que os carros pudessem fazer jamais apagou aquela impressão inicial. Embora quase 400.000 unidades tenham sido vendidas até o Mini Metro chegar ao mercado, em 1980 (substituindo os modelos Clubman/1275GT), os carros nunca conseguiram se recuperar das críticas iniciais. Mas será que as novidades eram todas ruins? Deixando os preconceitos de lado, o que se vê?

À esquerda: O Mini Clubman de frente longa surgiu em 1969 – causou controvérsia devido ao seu estilo, mas vendeu bem imediatamente. Quase meio milhão de sedãs e peruas foram produzidos até 1980, quando o carro foi descontinuado.

Arrazoado da frente longa

Vamos esclarecer uma coisa: é fato que o Clubman foi concebido pela BMC em 1967, antes de a British Leyland ser constituída, mas é sabido que Sir Donald Stokes, da Leyland, inspirou o nascimento do 1275GT. Tendo conhecimento de quanto tempo a BMC/British Leyland levou, nos anos 1960, para fazer ferramentas novas a fim de estampar carrocerias, fica mais fácil entender que, na época, não se julgava possível colocar um novo estilo em uso em menos de dois anos – do modelo em argila até os exemplares dos salões de venda.

Em 1967, tendo em mente a nova e a futura legislação dos testes de impacto, a BMC queria refazer a engenharia do Mini e, ao mesmo tempo, prover mais espaço no compartimento do motor. As primeiras ideias vieram de Roy Hanes, estilista/engenheiro de configuração/planejador de produto, que tinha entrado para BMC vindo da Ford. Hanes ficava baseado em Cowley, não em Longbridge, e respondia diretamente ao diretor-executivo Joe Edwards – não estava ligado a Alec Issigonis.

Com Sir Leonard Lord aposentado e Sir George Harriman mais aberto à discussão e a ser persuadido, o dinâmico Edward conseguiu realizar seu desejo de pôr ordem na confusão que era a linha Mini. Ele queria preparar o Mini para a década de 1970 e, também, produzir um derivado que deslocasse a linha toda para uma fatia mais alta do mercado; queria substituir os modelos Riley Elf/Wolseley Hornet, e queria abandonar os emblemas separados Austin e Morris, a fim de reduzir o número de versões do tipo "é-praticamente-o-mesmo-carro".

A filosofia de Alec Issigonis sobre economia de espaço já tinha sido parcialmente abandonada – nesse Mini renovado, os painéis externos da carroceria já não eram mais rentes às partes mecânicas. Havia certa possibilidade de que, mais adiante, o carro fosse equipado com diferentes motores, maiores, ao invés do onipresente motor da série A – mas afinal esses motores nunca chegaram a ser produzidos. Havia espaço, também, para um radiador montado na dianteira, o que teria sido um grande aprimoramento; mas, embora várias vezes eu tenha visto protótipos assim rodando em Longbridge, eles só entrariam em produção em... 1996!

Por outro lado, mais tarde, em 1968 (um ano inteiro antes de o carro de frente longa ser lançado), a British Leyland incluiu naquele plano um modelo 1275GT, a fim de iniciar a racionalização da sua linha de motores da série A (e para reduzir custos!) e também para começar a eliminar gradativamente o emblema com o nome Cooper. A essa altura, como se pode

Na página ao lado: O Mini entrou na década de 1970 de visual novo – quadrado em vez de arredondado. O estilo do Clubman/1275S dividiu as opiniões, mas o carro vendeu muito bem.

imaginar, a influência de Alec Issigonis na política futura do Mini e nos produtos novos em geral estava em declínio, ao passo que a obscura profissão de "planejador de produto" estava se tornando importante.

O analista da indústria automobilística Rob Golding conversou comigo sobre isso: "O americano Filmer Paradise, diretor de vendas na época, queria que o carro tivesse um apelo mais sofisticado, para poder subir o preço, e quem atendeu essa abordagem foi [o estilista] Roy Haynes, que tinha sido recrutado da Ford. Durante todo o final dos anos 1960, Haynes foi pressionado pelo diretor-executivo Joe Edwards a inventar uma carroceria inteiramente nova para o Mini. Mas os desenhos que foram produzidos não mostravam grandes melhorias e, assim, os planos de relançar o carro foram engavetados. Como a frente do carro Clubman representava metade dessa ideia, acabou sendo adotada... De fato, essa nova frente aumentou a utilidade do espaço sob o capô, mas o arrasto aerodinâmico do carro e o consumo de combustível aumentaram também".

Em outras palavras, tratava-se de uma jogada clássica de marketing – diminuir os custos e subir os preços. Ao que parece, a BMC se deu conta de que não estava ganhando dinheiro com o Mini e concluiu que era hora de mudar!

Abaixo: Olhando a traseira, praticamente não dá para diferenciar o Clubman/1275GT do modelo ADO20 – mas, observando de perto, o emblema entrega o jogo.

Mudança geral em 1970

Lançados em outubro de 1969, os três novos carros baseados no Mini – Clubman, perua Clubman e 1275GT – introduziram o primeiro grande pacote de mudanças no Mini. O estilo era novo e vários equipamentos novos tinham sido incluídos – e, finalmente, os emblemas individuais tinham desaparecido. Como já descrito anteriormente, dali por diante todo Mini portaria o emblema "Mini" – e não Austin, Morris, Riley, Wolseley, ou qualquer outro. Isso significava aceitar a realidade, algo que o consumidor já tinha feito havia anos! A partir daí, só era possível achar emblemas Austin e Morris nos balcões de peças de reposição. Entretanto, a história não acabou aí – nos anos 1990, os Minis "desemblemados", independentes, virariam oficialmente Rover Minis...

Muitas das alterações descritas a seguir foram compartilhadas com o modelo ADO20/frente curta da carroceria do Mini. A frente de estilo longo e quadrado, destinada aos carros Clubman/1275GT, não foi a única mudança feita na carroceria do Mini – as dobradiças externas das portas foram substituídas por dobradiças embutidas, do tipo convencional, e as janelas com vidros de subir e descer, já vistas no Riley Elf e no Wolseley Hornet, também se tornaram de série. O 1275GT recebeu os emblemas apropriados e foi decorado com um par de faixas pintadas na extensão toda das laterais, na parte inferior – essas faixas estavam na moda e conotavam "velocidade".

Na cabine, a configuração do painel/instrumentos era nova – no Clubman havia dois mostradores (no 1275GT, três mostradores) posicionados na altura dos olhos do motorista, entradas de ar tipo globo giratório nas extremidades do painel no nível do rosto, para prover melhor ventilação, e volante em novo estilo. Os anúncios de publicidade afirmavam que o assento e o encosto dos bancos tinham sido aprimorados, mas os passageiros não se convenceram dessa melhoria, já que a coluna de direção continuava na sua habitual posição bem para a vertical. Outras decepções: para que as janelas com vidros de subir e descer pudessem ser instaladas, foi preciso eliminar os porta-objetos que ficavam na parte interna das portas e, em todo o

Este modelo 1275GT de 1978 tem visual elegante e, exceto pelas rodas (que eram opcionais de fábrica), é igual ao carro que saiu de Longbridge trinta anos antes desta foto.

Abaixo: O estilo limpo e integrado da frente do Clubman/1275GT incluía para-choque dianteiro rente e lanternas dianteiras/indicadores de direção ocultados abaixo dele.

Abaixo, à direita: Nos anos 1970, as "faixas de velocidade" estavam na moda e foram adotadas por muitos fabricantes, incluindo a British Leyland. O 1275GT teve essa decoração durante os onze anos em que foi produzido.

carro, o espaço para os ombros diminuiu em relação ao Mini original.

Sob as chapas externas, o "chassi" era o mesmo dos Minis de 1967-1969, já que ambos os sedãs tinham suspensão Hydrolastic, os já conhecidos motores da série A de varetas e balancins, e câmbio totalmente sincronizado de quatro marchas sob o motor, no mesmo cárter. A caixa automática AP de quatro marchas era opcional no Clubman, mas no 1275GT nunca foi.

(A propósito, em outubro e novembro de 1969, o atrapalhado departamento de relações públicas da British Leyland anunciou vários fatos contraditórios seguidos – o que não era novidade, pois isso acontecia com frequência naquela época. Na ocasião do lançamento, divulgaram que haveria um 1275GT automático. Semanas mais tarde, a empresa

À direita: O painel dos Clubman/1275GT tinha duas entradas de ar tipo globo giratório, no nível do rosto, grande avanço em relação ao abafado Mini original.

Na extrema direita: No fim da década de 1970, o painel do Mini tinha evoluído muito em relação ao original, bem espartano. A foto mostra o painel do 1275GT. Os modelos Clubman de 1970 tinham dois mostradores, e o 1275GT, três. O volante de dois raios foi lançado em 1976.

À direita: Neste 1275GT, o estilo das "ferramentas" da porta é preciso e discreto, bem distante da solução de Issigonis nos carros originais – uma cordinha para abrir a porta.

À esquerda: Introduzido primeiro no 1275GT de 1969, este quadro de instrumentos com três mostradores seria depois adotado em Minis de outros modelos. Note o segundo tipo de volante usado nestes modelos 1275GT, que substituiu o original, de três raios.

À esquerda: No Clubman/1275GT, como no Mini original, o espaço para os pés e pedais era bem limitado. A insistência de Issigonis em manter o Mini o menor possível fez com que, por exemplo, as caixas de roda dianteiras deslocassem os pedais para o centro do carro.

mudou de ideia e ficou acuada com as críticas da imprensa especializada; somente seis semanas depois resolveu informar que o câmbio automático afinal não estaria disponível. É por isso que a mídia era tão severa com a British Leyland na época...)

Na sua forma original, o Clubman era mecanicamente bastante similar ao Mini de 998 cm³ de frente curta. Naturalmente, havia também uma versão perua, que fundia a nova frente longa, e portas com janelas de vidros de subir e descer, com a cabine do Traveller/Countryman, substituindo os modelos originais Traveller e Countryman, que foram então descontinuados.

O 1275GT, por outro lado, era uma nova mistura mecânica. De um lado, era o primeiro Mini a ter motor da série A de 1275 cm³ a usar carburador SU único. A potência era de 59 cv, o que o tornava praticamente idêntico aos modelos Austin e Morris 1300, que tinham carrocerias maiores. Embora mais potente que o Mini-Cooper de 998 cm³, tinha bem menos potência que o Mini-Cooper 1275S (que continuou), embora a British Leyland esperasse que o uso de redução final 3,65:1 (em vez de 3,44:1 do Cooper 1275S) ajudasse. Como o Mini-Cooper S, o 1275GT tinha suspensão Hydrolastic, freios a disco dianteiros de 190 mm, pneus radiais 145-10 com rodas de 4 polegadas de tala e freio servoassistido de série.

Acima: Esconde, revela... Este 1275GT de 1978 tem chapa de proteção contra água sobre o distribuidor e os cabos de vela...

Acima: ... mas aqui a chapa foi removida para mostrar o compartimento de motor do final dos anos 1970, agora com alternador, em vez de dínamo.

À esquerda: Os Clubman/1275GT tinham a mesma plataforma com distância entre-eixos de 2.032 mm e carroceria de duas portas.

A linha Mini em 1970

Com os modelos Clubman e 1275GT começando a ser entregues no final de 1969, junto com o Mini estilo ADO20, a British Leyland considerou que estava com uma linha muito bem integrada, a saber:

Modelo	**Cilindrada (cm³)**	**Preço básico (libras)**	**Preço total (libras)**
Mini 850 Mk II	848	455	596
Mini 1000 Mk II	998	515	674
Clubman	998	550	720
Clubman Estate	998	583	763
Câmbio automático (acima)	–	75	97
1275 GT	1.275	637	833
Mini-Cooper S	1.275	720	941

Acima, à direita: Traseira antiga, frente nova – mas a perua Clubman era muito popular. Quase 200.000 unidades foram vendidas entre 1969 e 1980.

À direita: Esta versão muito bem-sucedida, que integrava a linha mais recente de 1970, combinava a carroceria original do Mini Traveller com a frente do Clubman e tinha uma faixa larga, simulando madeira, decorando as laterais.

Na página ao lado: Revelado em todas as suas partes! Essa foto mostra os componentes de projeto do 1275GT lançado em 1969.

Vendas em alta

Para ser justo com a British Leyland, eu diria que, naquele ponto, o planejamento de produto devia estar correto, já que o total de vendas do Mini subiu a níveis recordes nos anos seguintes. Em 1968, foram fabricados 246.066 Minis, subindo para 254.957 unidades em 1969, 278.950 em 1970, e para um recorde de 318.475 em 1971. Desses totais, cerca de 40.000 modelos Clubman estavam sendo produzidos anualmente – não tanto quanto se esperava no início, mas o suficiente para justificar o investimento em novo ferramental para a parte dianteira da carroceria.

Uma carreira de onze anos

Os carros de formato Clubman/1275GT permaneceram em produção até meados de 1980, quando finalmente abriram espaço para o novo Austin Mini Metro (que, apesar de receber o lendário nome Mini e compartilhar a mesma configuração básica de motor/transmissão, tinha um estilo de carroceria completamente diferente, bem como uma plataforma maior). Os últimos carros eram claramente os mesmos carros originais, construídos em 1969, mas várias pequenas alterações foram feitas ao longo do caminho – no estilo, nos equipamentos e na parte mecânica.

Do ponto de vista mecânico, a maior mudança feita nos modelos Clubman/1275GT foi a reversão da suspensão Hydrolastic para a suspensão de cone de borracha, em meados

À direita: Rodas de liga leve de 12 polegadas, elegantes, opcionais, de um 1275GT do fim dos anos 1970. Nesse período da história do Mini, a equipe de marketing da British Leyland já tinha se distanciado bastante da filosofia de Issigonis para o Mini original – austero, despojado e sem acessórios extras.

Na extrema direita: Com o passar dos anos, a configuração do Mini ficava cada vez mais sobrecarregada. Neste 1275GT, que vinha equipado com rodas de 12 polegadas a partir de 1974, os discos e as pinças de freio ficaram maiores.

de 1971 (essa mudança, claro, tinha sido feita nos Minis de frente curta quando eles foram “desemblemados” em 1969).

Dando prosseguimento, em 1974 o 1275GT foi equipado com rodas de 12 polegadas de diâmetro, e freios a disco dianteiros maiores (mas sem servo – mais uma maneira de cortar custos), e, em agosto de 1977, pneus Dunlop Denovo, de rodagem vazia (Run-Flat), passaram a ser item de série.

Para aprimorar o Clubman ainda mais, os carros ano-modelo 1976 com câmbio manual ganharam motor de 45 cv/1.098 cm³. No final de 1972, todas as versões foram equipadas com alternador, pneus radiais passaram a ser de série nos modelos Clubman logo em seguida, e juntas homocinéticas deslizantes das semiárvores passaram a ser instaladas a partir de junho de 1973.

Alec Issigonis certamente não aprovaria este modelo, pois nunca acreditou no estilo como tal. A frente do Clubman/1275GT era mais quadrada, menos arredondada, que a do Mini original de 1959.

Como em muitos outros carros da British Leyland do período, houve uma série de melhorias no acabamento e nos equipamentos – o que tornou difícil para os proprietários dos Clubman e 1275GT modernos restaurar seus carros conforme a especificação correta do período! Por exemplo:

Junho de 1974 – vidro traseiro com desembaçador elétrico passou a ser de série.

Outubro de 1975 – bancos dianteiros reclináveis e acabamento em tecido passam a ser de série.

Maio de 1976 – grade dianteira preta em novo estilo, novas alavancas de comando montadas na coluna de direção, bem como novos interruptores do tipo tecla, pedais maiores, carpetes moldados e uma nova trava de direção na coluna. O 1275GT também recebeu bancos com novo desenho e equipamentos extras no interior do carro.

Julho de 1977 – rodas com novo acabamento, volante de couro, vidros fumês e luzes de ré passaram a ser de série.

Mas uma coisa nunca mudou. Como todo Mini, esses carros continuaram tendo dirigibilidade, estabilidade e comportamento incomparáveis a qualquer outro carro no mundo. O Clubman podia ser um pouco mais comprido e um pouco mais pesado que os Minis de frente curta, mas isso nunca afetou a resposta do carro.

Talvez o 1275GT pudesse ter bem mais potência (depois que o Mini-Cooper foi descontinuado, em junho de 1971, o 1275GT era praticamente o derivado mais potente da linha), mas a British Leyland sempre argumentou que o carro oferecia desempenho de 145 km/h por um preço muito inferior ao que jamais poderia ser estabelecido para um Mini-Cooper S.

Em outras palavras, o 1275GT era bom, mas não era sensacional, e, como não tinha o habitual histórico de competição como carro oficial de fábrica, alguns aficionados não chegavam a ficar entusiasmados. Mas contra elevados números de vendas não há argumentos...

Quando o Clubman/1275GT de frente longa foi anunciado, em 1969, seu visual dividiu fortemente as opiniões. Apesar disso, a British Leyland venderia quase 600.000 unidades de todos os modelos, sedãs e peruas.

À esquerda: Os modelos do final dos anos 1970 tinham tampa do porta--malas basculante para baixo, mas o suporte da placa deixou de ser articulado.

À direita: Estilo de estofamento muito comum em carros da British Leyland dos anos 1970, como o Austin Allegro, o MGB e o Triumph TR7.

À esquerda: Este 1275GT tem o tanque de combustível maior (adotado mais tarde). O conjunto de ferramentas original era muito simples. A tampa do porta-malas podia ser sustentada aberta, o que aumentava o espaço para transportar volumes maiores.

32
A·E·L (motors) LTD
WRANGLE. BOSTON
Leyland Cars
NRU 254M

O último dos Cooper S 1275

Como mencionado anteriormente, o último dos Mini-Cooper S Mk II com motor de 1.275 cm³ foi produzido em 1969/1970, mas o Mk III baseado no ADO20 só surgiu em março de 1970. Foi o único entre os primeiros tipos de Mini-Cooper S a ter carroceria no estilo ADO20/com janela com vidros de subir e descer, e nunca deve ser confundido com os modelos Mini-Cooper/Mini-Cooper S ressuscitados vinte anos mais tarde!

Pela primeira e única vez, um Mini-Cooper compartilhava a mesma grade dianteira dos outros Minis da época, mas, ainda assim, os aficionados conseguiam distinguir a natureza especial desse carro por conta dos dois tanques de combustível, dos emblemas, do escapamento de grande diâmetro e, claro, pelo desempenho. Como nos primeiros Mk II, o radiador de óleo ficava ocultado sob o capô.

Dois equívocos de planejamento de produto que a British Leyland nunca se deu o trabalho de explicar: não fazer pintura bicolor – todos os Mk III tinham teto da mesma cor do carro – e manter a suspensão Hydrolastic. Esta última característica é estranha, não só porque todos os outros Minis de frente curta já tinham sido revertidos para a suspensão "seca", de cone de borracha, mas porque, antes de mais nada, os proprietários de Cooper S já haviam reclamado da suspensão Hydrolastic!

A única mudança importante relativa ao desenvolvimento desse modelo foi a instalação, a partir de outubro de 1970, de uma proteção dos cabos de vela moldada preta sob o capô, ao mesmo tempo que a ignição/trava de direção passava a ser de série.

Essa versão ficou em produção apenas de março de 1970 até junho de 1971, mas 19.511 carros foram produzidos nesse período. Se uma pessoa visitasse Longbridge, porém, veria apenas alguns desses carros, porque a grande maioria das unidades (cerca de 18.000) foi enviada como kits CKD para serem montadas em fábricas no exterior.

O último Mini-Cooper 1275S produzido em Longbridge, em meados de 1971, encerrou consigo uma década em que carros com emblema Cooper tinham elevado o perfil da linha Mini inteira. Para os entusiastas do Mini, isso foi uma tragédia e significava também que ele não mais seria fonte de renda para John Cooper.

Lord Stokes, por outro lado, estava satisfeito com o negócio todo, totalmente confiante de que o 1275GT, de especificação menos emocionante, substituiria o Cooper. Talvez ele estivesse certo quanto às vendas – em uma década seriam produzidas 110.673 unidades de 1275GT –, mas, em termos de imagem, estava muito equivocado. Quase vinte anos depois, a empresa que sucedeu a British Leyland, o Rover Group, relançou um carro com emblema Cooper – história que será contada no próximo capítulo.

A propósito, logo depois que o Cooper S Mk III começou a ser vendido, a British Leyland comemorou a fabricação do milionésimo Mini destinado ao mercado externo. Em 21 de abril, o diretor-executivo George Turnbull entregou um carro para Gunnar Elk, da British Leyland da Noruega. Naquele momento, também as estatísticas proliferaram, revelando que 190.000 Minis (prontos ou em kits para a Innocenti montar) já tinham seguido para a Itália, que era o maior mercado de exportação, e 176.000 para a Austrália.

À esquerda: As corridas de Mini sempre foram extremamente competitivas – em especial para este 1275GT, que a certa altura rodou e capotou. O carro ficou muito danificado, mas o piloto não se machucou.

1970: Os últimos Minis de rali de fábrica

Antes de o departamento de competição em Abingdon ser fechado repentinamente, no fim de 1970, ainda deu tempo para participações do Mini-Cooper. Como o departamento estava totalmente ocupado na preparação de carros para a monumental Copa do Mundo de Rali Daily Mirror, de quase 26.000 km, elas só iniciaram em abril.

Para começar, Abingdon preparou um 1275GT altamente modificado para a Copa do Mundo de Rali, que não tinha quase nada do carro de série. Ninguém imaginou que um Mini pudesse sobreviver a tal teste de seis semanas, por isso, a intenção era fazer do Handley/Easter uma "lebre", que estampasse algumas manchetes de jornal antes de quebrar. A quebra aconteceu logo nos primeiros dias, quando o motor altamente modificado sofreu problemas de alimentação de combustível e um pistão quebrou.

Semanas mais tarde, Paddy Hopkirk conquistou o segundo lugar na classificação geral com o mesmo 1275GT – só que dessa

vez repreparado para correr na forma de "protótipo" no Rali escocês. Foi a última chegada de um Mini de fábrica, de qualquer tipo, a ser registrada.

Mais adiante naquele ano, o último Mini de fábrica – um 1275S pilotado por Brian Culcheth – largou no Rali das Colinas australiano, em novembro de 1970, e terminou em quarto lugar na classificação geral. Depois disso, quem continuou usando Minis durante alguns anos foram os pilotos particulares, tanto em ralis quanto em circuitos.

O Mini na década de 1970

Durante a década seguinte, o Mini estilo ADO20, com vidros de subir e descer e tudo o mais, ainda vendeu bem e em grande quantidade. Inevitavelmente, o Clubman/1275GT de frente longa tirou muitas vendas do carro de frente "arrebitada", mas no cômputo geral se manteve muito bem. Mesmo em 1980, quando as pessoas possivelmente já estavam cansadas de ver Minis sempre com a mesma especificação e o mesmo estilo nos salões de venda, ainda foram produzidas 150.067 unidades.

Por que na década de 1970 não se fez nenhuma mudança considerável no Mini? Com certeza não foi por falta de vontade, mas porque a British Leyland acabava sempre investindo seu capital em outras coisas. Do ponto de vista financeiro, isso se justificava, já que só a partir de 1978 as vendas começaram a ficar abaixo das 200.000 unidades anuais.

(Mas onde o capital foi investido? Em novos modelos importantes como o Morris Marina, em 1971, o Austin Allegro, em 1973, o Princess ADO71, em 1975, e em motores como o E6 de seis cilindros, de 1972, e a série O, de 1978. Bastante dinheiro foi gasto também nos preparativos do Mini Metro, mas isso só ficaria evidente em 1980.)

Embora o 9X (uma proposta de carro substituto) nunca mais tenha sido visto e Alec Issigonis ocupasse um cargo secundário (diretor de Pesquisa e Desenvolvimento), criado só para mantê-lo longe do dia a dia, ao longo dos anos 1970 os engenheiros da British Leyland fizeram, nos bastidores, outras tentativas de "substituir" o Mini, propondo alterações e melhorias. Carros maiores, com visual renovado, motor repotenciado e estilo reformulado – todos na mesma plataforma com distância entre-eixo

Acima: Negócio sério – os motores mais potentes do Mini eram as unidades de 1,3 litro, equipadas com cabeçote de fluxo cruzado de oito dutos e injeção de combustível. Este é um carro de rallycross com tração 4X4, do início dos anos 1970.

À direita: Mini com eixo traseiro? Na verdade, trata-se de uma instalação exclusiva em um carro de rallycross com tração 4X4, feita pela Special Tuning, em Abingdon, no começo da década de 1970.

de 2.032 mm e suspensão "seca" – e até um projeto inteiramente novo (ADO74) chegaram a ser propostos, mas foram abandonados. Mesmo o projeto ADO88, forte candidato a substituto do Mini, foi ficando cada vez maior durante a fase de projeto e desenvolvimento e acabou repensado visualmente – rebatizado de LC8 até surgir em 1980 como Austin Mini Metro, ao lado do Mini, e sem qualificação para substituí-lo.

Através disso, e em torno de tudo isso, a British Leyland apresentou uma série de pacotes de melhorias para os modelos ADO20 e também começou a produzir uma série de "edições especiais" de Mini. Como as edições especiais eram invariavelmente baseadas em um modelo existente, eu reuni os primeiros desses modelos no final deste capítulo.

Ao mesmo tempo, os Mini sedãs 850 e 1000 prosseguiram década de 1970 afora, com os Mini furgões e picapes. Os veículos comerciais leves geralmente recebiam as mesmas melhorias aplicadas no sedã 850. A seguir, as atualizações importantes:

1970/1971 – Trava de direção em alguns modelos, que depois passou a ser item de série, para ajustar-se à legislação.

Fim de 1972 – O trambulador por controle remoto foi finalmente especificado nos 850 e nos 1000. Deste ponto em diante, passou a ter mudança de marcha operada por varão (em vez de uma extensão longa de liga fundida), com um alternador.

Fevereiro de 1973 – Pneus radiais.

Abril/maio de 1974 – Cintos de segurança inerciais retráteis nos bancos dianteiros (antes opcionais) e, finalmente, aquecedor de ar fresco.

Maio de 1976 – Itens revisados: coluna de direção com duas alavancas de controle, painel dos interruptores, pedais, carpetes moldados e nova calibragem da suspensão. Ventilação no nível do rosto passou a ser de série no Mini 1000.

Julho de 1977 – Grade preta fosca, volante acolchoado. Somente no 1000, bancos dianteiros com ajuste de inclinação do encosto, e melhorias no acabamento.

Julho de 1979 – Dois modelos 850 – o Mini City e o Mini 850 Super De Luxe – substituíram o Mini 850, com diferentes níveis de acabamento; o Super De Luxe tinha painel de instrumentos com três mostradores e ventilação no nível do rosto.

Início de 1980 – O tanque de combustível passou de 25 para 34 litros.

O Mini na década de 1980

Quando o Austin Mini-Metro chegou ao mercado, no fim de 1980, seguido pelos derivados Vanden Plas e MG, em 1982, ficou claro que dali em diante seria necessário fazer marketing para o Mini clássico. A produção caiu de 150.067 em 1980 para 49.956 em 1983, e para meros 33.720 em 1986. Por um instante, o grupo Austin-Rover (assim denominado naquele momento) deve ter ficado orgulhoso e aliviado quando a unidade de número 5 milhões foi produzida em 1986, com a celebridade de TV Noel Edmonds provendo o glamour por trás da oportuna foto de divulgação.

Nessa década, novamente o Mini seria privado de investimentos e precedido de vários modelos novos, como Triumph Acclaim, Austin Maestro, Austin Montego, Rover 800 e Rover 200.

O Rover Group, como se tornou conhecido, era de opinião que o Mini continuaria sendo vendido enquanto houvesse demanda e enquanto as necessárias alterações de engenharia pudessem ser feitas para manter o carro legalmente no mercado. Mesmo assim, foram feitas mais atualizações técnicas genuínas do que na década de 1970 – rodas de 12 polegadas e freios a disco nas rodas dianteiras, por exemplo.

Entretanto, no decorrer dos anos 1980 a linha de diferentes Minis encolheu significativamente. Quando o Metro surgiu, no final da década, os modelos Clubman e 1275GT de frente longa desapareceram na hora, o que significa que a prática perua Clubman também foi descontinuada, embora tenha prosseguido com visual de Mini 1000HL até 1982. Os Mini furgões e picapes se aguentaram até maio de 1983 e, depois disso, deixaram de ser produzidos também. Dali em diante, portanto, os únicos Minis ainda fabricados eram os sedãs com carroceria de duas portas.

Segue um resumo da evolução da carreira do Mini:

Agosto de 1980 – A montagem do Mini City e do Mini 850 Super de Luxe é descontinuada. Dali por diante, os furgões e as picapes passaram a ser os únicos Minis ainda com motor de 848 cm³.

Outubro de 1980 – A linha de modelos revisados dos Minis de 998 cm³ abrangia o City de entrada, o 1000 e o novo 1000HL, sedã e perua, que tinham interior do tipo do Clubman, incluindo quadro de instrumentos com dois mostradores.

Abril de 1982 – O City foi "reemblemado" como City E, com diferencial mais longo (2,95:1) e motor de alta compressão. O 1000HL se tornou o 1000HLE e ganhou melhorias mecânicas similares. Os carros eram agora diferenciados pelos para-choques pretos. O último dos derivados tipo perua – denominado 1000HLE nos meses finais – foi produzido em meados de 1982.

Setembro de 1982 – O 1000HLE foi substituído pelo Mayfair (que revivia o nome de um modelo Austin estilo anos 1930), mecanicamente similar, que passou a ser o modelo de luxo da linha, com acabamento e acessórios mais sofisticados, como estofamento de veludo, carpetes de pelo curto, vidros fumês apoios de cabeça nos bancos dianteiros e rádio de série. Conta-se que Sir Alec Issigonis não gostou da maneira como a personalidade do Mini estava mudando.

Maio de 1983 – Furgões e picapes foram finalmente descontinuados. Depois disso, os

Acima: Em 1986, quando o Mini de número 5 milhões estava pronto para ser produzido, a British Leyland contratou a celebridade de TV Noel Edmonds para fazer um belo bota-fora para o carro.

Na página ao lado: O Mini edição especial Designer 1988 trazia o estilo de Mary Quant. Para esta foto o carro foi colocado do lado de fora de uma de suas lojas na Carnaby Street, em Londres.

únicos Minis ainda em produção eram os sedãs de duas portas.

Outubro de 1984 – Todos os Minis que sobreviveram ganharam rodas de 12 polegadas com pneus radiais 145SR12, mais freios a disco nas rodas dianteiras, junto com extensões dos arcos das rodas em plástico preto.

Novembro de 1985 – Melhorias de acabamento/guarnições no City E, dois instrumentos, ventilação no nível do rosto, volante de quatro raios (do tipo do Metro). O Mayfair recebeu três instrumentos (incluindo conta-giros), novo volante com três raios e melhorias no acabamento/carpetes.

Outubro de 1986 – Cintos de segurança de dois pontos nos bancos traseiros passaram a ser de série.

Junho de 1987 – Os emblemas Austin foram finalmente eliminados.

Agosto de 1988 – O City E foi renomeado para City, e passou a ter volante de três raios e apoio de cabeça nos bancos dianteiros. O Mayfair passou a ter instalação de rádio-cassete estéreo de série, melhorias no acabamento e ligeiro aprimoramento no motor. Servofreio a vácuo virou item de série dois meses depois.

Junho de 1989 – O catalisador passou a ser opcional.

Outras mudanças de desenvolvimento seriam introduzidas nos anos 1990, mas a notícia principal seria o relançamento da marca Mini-Cooper, no final da década, e uma grande atualização do modelo, feita tardiamente, em 1996.

Edições especiais das décadas de 1970 e 1980

Em algum lugar dos Estados Unidos – tinha que ser nos Estados Unidos, não? – alguém inventou a frase: "Em vez de vender a linguiça, venda o chiado da fritura!" Ela traduz o que é a edição especial de um carro – às vezes divulgada como "edição limitada". É um jeito de fazer com que um carro profundamente familiar pareça e transmita a sensação de ser um pouco mais especial – isso geralmente opera maravilhas em relação à demanda dos salões de venda.

É razoável dizer que a maioria das edições especiais foi concebida para movimentar os salões de venda em épocas de calmaria. Também se pode afirmar que raramente esses carros eram mais velozes; eram apenas mais bonitos que os modelos de série em que foram baseados. Porém, na época e por muitos anos depois, foram vistos como muito especiais.

Qual foi o primeiro fabricante a adotar essa tática? Provavelmente uma indústria americana, embora as origens estejam perdidas na neblina do tempo, mas a primeira "edição especial" britânica foi provavelmente o milionésimo Morris Minor – dos quais 350 unidades em tom lilás foram produzidas em 1961.

Por um bom tempo, nem a BMC nem a British Leyland tiveram necessidade de criar edições especiais, porque até meados da década de 1970 a venda anual de Minis era superior a 200.000-250.000 unidades. Mas, à medida que o Mini foi "aparentando a idade", começaram a surgir os primeiros modelos em quantidade limitada.

O ritmo acelerou após 1976, ano do lançamento do Limited Edition, o primeiro Mini especial do mercado do Reino Unido. De 1983 em diante, todo ano havia uma nova versão especial nos salões de venda – sendo que os anos de 1989 e 1990 tiveram três modelos diferentes, respectivamente. Alguns eram modelos comemorativos do aniversário de trinta anos de nascimento do carro original – o Mini Thirty de 1989 foi o último dessa fase.

Quando um fabricante de automóveis como a British Leyland, a Austin-Rover ou a Rover produz uma edição especial, coloca como regra básica que o carro precisa aparentar mais do que é. Internamente, a edição especial é sempre um modelo muito conhecido, mas, visualmente, passa por uma reformulação profunda.

As edições especiais de Mini de todos os fabricantes tinham como base o conhecido sedã de duas portas ADO20 de frente curta. Não havia carros especiais baseados no Clubman, nem peruas especiais – se alguém quiser lhe vender algo assim, não compre, pois tais carros nunca foram fabricados!

Mas havia boas razões para que a indústria raramente alterasse a especificação mecânica ou fizesse melhorias no chassi. Uma geração atrás, talvez fosse factível fazer tais alterações mas, nas décadas de 1970 e 1980, havia tantos novos requisitos de legislação e normas de homologação a serem seguidos, que isso não faria sentido do ponto de vista econômico.

Edições especiais de Mini: datas e características

Todos os modelos das edições especiais tinham como base o sedã de quatro lugares e 3,04 m de comprimento, com suspensão de cone de borracha e pneus radiais. Os carros todos tinham motor de 998 cm³, salvo indicação em contrário.

A seguir, apresento o que cada modelo oferecia em relação ao então Mini de série (e o modelo em que era baseado). Mas não menciono emblemas especiais/diferenciados, nem detalhes como espelhos, emblemas e decalques extras. Em muitos casos, determinada característica ou acabamento foi usado em um Mini pela primeira vez (mas pode ter sido adotada mais tarde como item de série). Nesse caso, constará em "Inovações".

Esta é a lista completa das edições especiais de Mini para o mercado do Reino Unido, produzidas entre 1976 e 1990, com seus modelos-base e suas características particulares:

1976 – Limited Edition 1000 (baseado no 1000): pintura verde e branca, bancos listrados de náilon escovado, no estilo do MGB. Preço: 1.406 libras, com 3.000 unidades produzidas. Inovações: ventilação no nível do rosto e bancos reclináveis.

1979 – 1100 Special (1000): cor prata ou rosa, estofamento em padrão xadrez escocês, vários toques extras. Inovações: motor 1.098-cm³/45 cv, primeira e única vez usado em um Mini de frente curta. Rodas de liga leve. Extensões dos arcos das rodas na cor preta (originalmente vendidas pela Special Tuning, de Abingdon, para fins de competição). Quadro de instrumentos com três mostradores, no estilo do 1275GT. Preço: 3.300 libras, 5.100 unidades produzidas.

1983 – Sprite (City): nome emprestado do modelo do velho Austin-Healey e disponível nas cores vermelho Cinnabar ou amarelo Primula. Inovações: novo quadro de instrumentos com três mostradores (pré-Mayfair), volante de quatro raios. Preço: 3.334 libras, 2.500 unidades produzidas.

1984 – 25 (Mayfair): pintura prata, acabamento em veludo, volante de três

City of Westminster
CARNABY ST.
W.1
MARY QUANT
COLOUR SHOP
MARY QUANT
COLOUR SHOP
Designer
E477 LJD

Acima: A edição especial Ritz, de 1985, era baseada no City E*, com pintura, rodas e acabamento interno especiais.*

raios com acabamento em couro. Preço: 3.865 libras, 5.000 unidades produzidas. Inovações: rodas de 12 polegadas no estilo do 1275GT, freios a disco nas rodas dianteiras, vidros fumês e rádio-cassete de série.

1985 – Ritz (City E): pintura prata Leaf, extensões nos arcos das rodas na cor prata, bancos em padrão listrado de vermelho/azul/cinza, encostos reclináveis. Preço: 3.798 libras, 3.725 unidades produzidas (2.000 para o Reino Unido). Inovações: rodas de 12 polegadas de série, no estilo do Mayfair, que continuavam sendo opcionais extras no carro de base.

1986 – Chelsea (City E): produzido ao mesmo tempo que a unidade de número 5 milhões do Mini. Similar ao Ritz, com conta-giros de série e pintura vermelho Targa/saias nos arcos das rodas na cor vermelha. Preço: 3.898 libras, 1.500 unidades produzidas no Reino Unido.

Piccadily (City E): igual ao Ritz e ao Chelsea, mas na cor dourado Cashmere, e com rodas de aço (em vez de rodas de liga leve) com acabamento em plástico, e extensões e saias nos arcos. Preço: 3.928 libras, 2.500 unidades produzidas.

1987 – Park Lane (City E): igual ao Ritz/Chelsea/Piccadily, mas com pintura toda preta, extensões nos arcos das rodas, vidros fumês e bancos em padrão listrado. Preço: 4.194 libras, 4.000 unidades produzidas (1.500 para venda no Reino Unido).

Advantage (City E): com tema tênis/Wimbledon, pintura toda branca, extensões nos arcos das rodas na cor preta e letreiro "Advantage" nas portas. Preço: 4.286 libras, 4.675 unidades produzidas (2.500 vendidas no Reino Unido).

1988 – Red Hot/Jet Black (City): pintura vermelha ou preta, respectivamente, com extensões nos arcos das rodas na cor preta, e vidros fumês em ambas as versões. Preço: 4.382 libras, 2.000 unidades para venda no Reino Unido, mais 4.000 para exportação.

Designer (City): disponível em preto ou branco Diamond, com extensões nos arcos das rodas na cor cinza, interior especial, volante revestido de couro. Preço: 4.654 libras, 2.000 unidades produzidas. Inovações: bancos com listras verticais pretas e brancas.

1989 – Racing/Flame/Rose/Sky (City): respectivamente, nas cores British Racing Green/teto branco, vermelho/teto branco, branco/teto rosa, branco/teto azul, todos com extensões nos arcos das rodas na cor preta. Volante esportivo e conta-giros nos dois primeiros tipos, caso contrário todos os tipos seriam praticamente idênticos. Preço: respectivamente, em libras – 4.795, 4.795, 4.695 e 4.695. Unidades produzidas: Flame/Racing, 2.000, Sky/Rose, mil no total.

Thirty (Mayfair): disponível em vermelho Cherry ou preto, com acabamento luxuoso e extensões nos arcos das rodas. Preço: 5.599 libras com câmbio manual, com 2.800 unidades para venda no Reino Unido, mais duzentas unidades com câmbio automático opcional. Inovações: rodas de liga leve no estilo Minilite (pré-Mini-Cooper). Esta foi a primeira edição especial do Mini a ter câmbio automático opcional.

A história das edições especiais não termina aqui, muitas outras edições seriam feitas na década de 1990. Estas serão apresentadas em capítulos mais adiante.

Se você estiver procurando um Mini edição especial, o problema será conseguir escolher entre a enorme quantidade de modelos diferentes que foram feitos. Apesar disso, eram relativamente raros. Embora ao longo dos anos tenham sido vendidos na Grã-Bretanha talvez cerca de 55.000 "especiais", isso representa apenas um em cada cem dos Minis normais produzidos. Isso explica por que os modelos de edição especial "clássicos" ainda valem um pouco mais e por que algumas oficinas acabaram surgindo para dar manutenção a eles.

Para os aficionados do Mini de hoje, o problema não é a oferta, mas a manutenção. Na hora de fazer restauração e reparos é possível achar cores equivalentes e a maioria das guarnições da parte externa, mas, em geral, é difícil conseguir os materiais corretos dos bancos, painéis de acabamento, decalques e emblemas.

Veludo vermelho, azul e cinza para restaurar os bancos do Ritz. Os emblemas de bolinhas de tênis verdes dos bancos do Advantage. Os logos "Margarida" (Daisy), da Mary Quant, nos Designers de 1988. A lista vai longe, mas a procura tende a recompensar, já que a Rover produziu um número limitado de cada um desses carros.

À direita: O Mini Thirty foi a primeira edição especial com câmbio automático opcional. Pela primeira vez um Mini de série era equipado com as características rodas estilo Minilite.

Especificações do Mini Clubman

MOTOR

Descrição
Motor de quatro cilindros em linha, com bloco e cabeçote de ferro fundido. Comando de válvulas no bloco acionado por corrente, válvulas no cabeçote operadas por varetas. Câmaras de combustão em formato de coração. Pistões em liga de alumínio, bielas de aço forjado. Virabrequim com contrapesos de três mancais.

Cilindrada
998 cm³, 1.098 cm³

Diâmetro e curso
998 cm³: 64,59 mm x 76,2 mm
1.098 cm³: 64,59 mm x 83,73 mm

Taxa de compressão
998 cm³: 8,3:1 (8,9:1 com automático)
1.098 cm³: 8,5:1

Potência máxima
998 cm³: 38 cv a 5.250 rpm (automático: 41 cv a 4.850 rpm)
1.098 cm³: 45 cv a 5.250 rpm

Torque máximo
998 cm³: 7,19 kgfm a 2.700 rpm (automático: 2.750 rpm)
1.098 cm³: 7,75 kgfm a 2.700 rpm

Carburador
SU HS2 de 1¼ pol (31,7 mm)

TRANSMISSÃO

Caixa de câmbio
Quatro marchas totalmente sincronizadas. Automática de quatro marchas opcional, da Automotive Products, somente no motor de 998 cm³.

Relações	Manual	Automático
1ª	3,63:1	2,69:1
2ª	2,17:1	1,845:1
3ª	1,412:1	1,46:1
4ª	1,000:1	1,000:1
Ré	3,63:1	2,69:1

Embreagem
Mola diafragmática Borg and Beck de 180 mm

Redução final
Engrenagens cilíndricas helicoidais, relações: manual 3,44:1, automática 3,27:1

FREIOS

Dianteiro
Lockheed a tambor, 184 mm de diâmetro

Traseiro
Lockheed a tambor, 184 mm de diâmetro

Operação
Lockheed hidráulico

Freio de estacionamento
Alavanca, com ligação por cabo aos tambores traseiros

SUSPENSÃO

Dianteira
Independente, unidades de suspensão Hydrolastic, com conexão hidráulica para a suspensão traseira (molas de borracha cônicas, sem interconexão, a partir da metade de 1971), triângulos superpostos, amortecedores telescópicos

Traseira
Independente, unidades de suspensão Hydrolastic, com conexão hidráulica para a suspensão dianteira (molas de borracha cônicas, sem interconexão, a partir da metade de 1971), braços arrastados, amortecedores telescópicos

DIREÇÃO

Tipo
Pinhão e cremalheira

Número de voltas entre batentes
2,33

Diâmetro mínimo de curva
8,7 m

Volante
Três raios, 38,1 cm de diâmetro

RODAS E PNEUS

Roda
Aço, 3½ J x 10 (4½ J x 12 com pneus Denovo a partir de 1977)

Pneu
998 cm³: diagonal, 5,20-10
1.098 cm³: radial, 145-10 (opcional: Dunlop Denovo Run-Flat em rodas de 12 pol)

DESEMPENHO

Testes de rua da revista *The Autocar*:
998 cm³, 16 de dezembro de 1971;
1.098 cm³, 27 de novembro de 1976

Velocidade máxima
998 cm³, 120 km/h
1.098 cm³, 132 km/h

Aceleração	998 cm³	1.098 cm³
0-48 km/h	5,1 s	5,9 s
0-80 km/h	14,1 s	12,4 s
0-96 km/h	21,0 s	17,9 s
0-402 m	21,9 s	20,7 s

Consumo médio de combustível
998 cm³: 12,2 km/l
1.098 cm³: 13,1 km/l

DIMENSÕES

Comprimento
3.165 mm

Largura
1.410 mm

Altura
1.346 mm

Distância entre eixos
2.032 mm

Bitolas
Dianteira: 1.219 mm
Traseira: 1.200 mm

Distância mínima do solo
181 mm

Peso em ordem de marcha
638 kg

1966–1993
Os Minis Innocenti

A Innocenti foi fundada em Milão, em 1933, inicialmente para fabricar chapas de aço estampadas. No pós-guerra, fez as scooters Lambretta e, em 1960, se ligou à BMC para produzir o Austin A40 Farina. Em 1961, produziu um Sprite especialmente estilizado e, em seguida, o BMC 1100 de tração dianteira (chamado de IM3). Os primeiros Minis foram feitos a partir de 1965. Até a década de 1970, todos esses carros eram vendidos apenas na Itália.

Quando Ferdinando Innocenti morreu, em 1972, a British Leyland comprou o negócio, rebatizou-o de Leyland Innocenti SpA, e os Minis Innocenti passaram a ser produzidos na Espanha e na Bélgica. Em 1974, surgiram o Mini 90 e o Mini 120 hatch, estilizados por Bertone.

Em 1973, a Innocenti estava produzindo mais de 60.000 carros por ano, mas a crise financeira da British Leyland, em 1975, forçou a liquidação da Leyland-Innocenti. Isso extinguiu os carros baseados no Reino Unido, mas o empreendedor Alejandro De Tomaso comprou o negócio e colocou os carros de Bertone no mercado. Os Minis De Tomaso venderam muito (220.000 no total) até 1982, quando De Tomaso os relançou e os rebatizou, com motores e transmissão Daihatsu.

Charme italiano e equipamentos melhores

Na primeira vez que eu dirigi um Mini-Cooper fabricado pela Innocenti, fiquei pensando por que a BMC não conseguia produzir um carro igual no Reino Unido. O carro não era superior ao modelo fabricado na Grã-Bretanha, mas os equipamentos e o acabamento eram melhores – e tinha aquele charme italiano a mais. Quando perguntei sobre a possibilidade de os modelos Innocenti serem vendidos no Reino Unido, a sugestão foi vivamente descartada. O motivo alegado foi que os consumidores britânicos não desejavam equipamento extra e, com certeza, não gastariam dinheiro com as versões Innocenti.

Mas os italianos queriam gastar – e gastaram. Mas por que os italianos mereciam aquele painel, aquelas rodas pequenas e elegantes, no estilo do 1275GT, e portas dianteiras com quebra-vento giratório, e os britânicos, não? Os italianos ficaram encantados com os carros, claro.

Nos anos 1960 e 1970, quando as principais cidades da Itália não eram abarrotadas com hoje, me lembro de circular velozmente pelas ruas de Turim e Milão a bordo de pequenos Fiats e, às vezes, ter que aceitar a superioridade dos Minis com placa italiana, que desafiavam cada semáforo, rotatória e oportunidade de ultrapassagem.

O Mini produzido na Itália foi um grande sucesso naquele país. De 1966 a 1974, quase todo ano a fábrica Innocenti produziu mais d 50.000 Minis, às vezes chegando a trezentos unidades por dia. E os italianos nem torceram o nariz para o fato de o carro ser estrangeiro – afinal, o Mini era moeda internacional. O filme *The italian job* (*Um golpe à italiana*, de 1969, com Michael Caine, famoso pela emocionante sequência de perseguição com Mini-Coopers) não só tinha feito ótima propaganda do carro, mas também exaltado a paisagem de Turim – o que mais se podia desejar? –, e, afinal, era um Mini feito na Itáli

À esquerda: Mini-Coopers com emblema da Innocenti foram produzidos na Itália em grande escala – tinham detalhes decorativos próprios na parte dianteira e janelas com vidros de subir e descer.

Minis no território da Fiat

Na década de 1960, nem a Fiat se comparava ao que Alec Issigonis tinha conquistado. Os 600 e 850 de motor traseiro estavam lutando para "engolir" o Mini. Podiam ser mais baratos, mas não eram tão bonitos, não tinham tanta estabilidade, nem eram tão rápidos. Por um tempo, entretanto, a Fiat pôde se dar o luxo de ser complacente, porque os Minis para o mercado italiano tinham que ser enviados desde o Reino Unido e os números eram bem pequenos. Mas agora a Innocenti tinha decidido disputar o mercado de carros pequenos com a Fiat de igual para igual, colocando o Mini em produção, em Milão.

O negócio foi bem pragmático e o projeto de fabricação fora do Reino Unido foi o mais bem-sucedido que a BMC já tinha abraçado. Os primeiros Minis Innocenti tinham componentes de chassi e alguns painéis de carroceria enviados de Longbridge, mas a Innocenti estampava o resto e fabricava todas as partes de acabamento na Itália. No início era um acordo francamente comercial, pelo qual a Innocenti fabricava os carros para serem vendidos na Itália, enquanto a BMC continuava vendendo para todos os outros países europeus.

Mais adiante, os Minis Innocenti começaram a ter um acessório diferente, superespecial, uma especificação mais elaborada e características exclusivamente italianas, como grades e emblemas especiais, indicadores de direção laterais, luzes de ré, entre outros detalhes. Versões perua foram incluídas na linha a partir de 1966.

Até 1968 e a chegada dos modelos Mk II, do ponto de vista mecânico os Minis Innocenti eram iguais aos Minis do Reino Unido. Depois disso, os motores de 848 cm³ passaram a ter uma taxa de compressão de 9,0:1, com carburador SU HS4 de 1 pol (38,1 mm), e foram especificados com 48 cv (brutos) – cerca de 42 cv (líquidos): isso permitiu que a Innocenti declarasse uma velocidade máxima de 135 km/h, o suficiente para encarar os Fiats no "grande prêmio dos semáforos".

Na página ao lado: Dificilmente um britânico reconheceria esse emblema, pois foi criado somente para os Mini--Coopers fabricados na Itália pela Innocenti.

Acima: O Mini-Cooper Innocenti nunca foi oficialmente comercializado no Reino Unido, mas certa quantidade foi importada por particulares – na foto, a placa de licença da Grã--Bretanha comprova o fato.

(A Innocenti sempre declarou potência bruta em vez de líquida, de modo a poder equipará-la aos números otimistas similares por parte de fabricantes italianos. Isso torna difícil comparar os carros com as especificações de potência do Reino Unido.)

Naquele ano, o primeiro Mini-Cooper Innocenti foi lançado. Basicamente, era um Mini-Cooper de 998 cm³ de dois carburadores SU HS2, mas novamente havia diferenças – rodas mais elaboradas e pneus radiais de série, freios a disco na dianteira com mesmo diâmetro dos do Cooper S, motor com taxa de compressão de 9,5:1 e potência de 60 cv (brutos): agora a velocidade máxima passava a 150 km/h.

Os modelos Mark III vieram em seguida, em 1970, com carroceria com dobradiças das portas embutidas, janelas com vidros de subir e descer e quebra-ventos dianteiros giratórios (já existentes nos carros produzidos na Austrália).

Embora àquela altura os carros britânicos tivessem sido todos revertidos para a suspensão de cone de borracha, nos Innocenti a suspensão Hydrolastic foi mantida durante um tempo. Nessa época, surgiu o câmbio automático (Mini-Matic), ao passo que o Mini-Cooper passou a ter um novo modelo de painel, que ocupava a largura toda do carro e tinha cinco mostradores circulares – o que não tinha muita lógica, pois o velocímetro e o conta--giros ficavam na parte central do painel, e os três instrumentos auxiliares é que ficavam bem diante dos olhos do motorista!

No começo da década de 1970, o nome Cooper tinha desaparecido dos Minis vendidos no Reino Unido, mas a Innocenti o manteria bem até o final da produção, em 1975/1976. Fora isso, logo que o Mini--Cooper 1275S britânico foi descontinuado, em 1971, a Innocenti se preparou para lançar a sua própria versão!

O Mini-Cooper 1300 Leyland Innocenti e o Mini-Cooper 1300 Export, que veio em seguida, usaram o mesmo motor de 1.275 cm³. Embora ambos tivessem a bem conhecida instalação de dois carburadores SU HS2 semidescendentes, os motores não eram o do Mini-Cooper S, e, sim, uma versão híbrida que surgiu depois, não tão potente – mais parecida, digamos, com os motores de dois carburadores SU que equipavam os MG Mk II 1300 de mercado britânico na época.

O 1300 Export era o mais altamente desenvolvido de todos os Minis daquele tempo. Lançado em 1973 (e logo produzido nas fábricas da British Leyland na Espanha e na Bélgica), esse carro recebeu um estilo novo de painel – que desta vez tinha uma disposição de instrumentos com seis mostradores, com velocímetro e conta-giros ainda no centro do painel –, mas havia uma última versão de comando de câmbio por varão, freios com duplo circuito, rodas tipo 1275GT, emblemas e grade em estilo exclusivo. Além disso, os pedais eram maiores e o volante tinha acabamento em couro e raios de alumínio.

Sob qualquer parâmetro do Mini, eram carros pequenos desejáveis, tão velozes quanto qualquer Mini-Cooper S original, e ainda por cima com características próprias de estilo. Como foram fabricados em grande número – 28.200 em apenas dois anos – havia uma boa quantidade deles para serem importados por britânicos entusiastas. A propósito, quando os primeiros carros foram importados, notavam-se várias diferenças sutis na parte externa – caso da tampa do porta-malas com recesso específico para acomodar as placas de licença italianas.

Na Itália, bem como no Reino Unido, o Mini-Cooper foi por fim descontinuado, em função de acontecimentos que não se pode controlar. No Reino Unido, o motivo foi que Lord Stokes não queria renovar o contrato de royalties de John Cooper, e, na Itália, foi simplesmente porque o negócio em torno do carro foi encerrado.

Mas a história não terminaria aí, porque o hatchback desenhado por Bertone continuaria.

Comparação de potências

Como já comentado anteriormente, em função dos diferentes métodos de medir potência, as comparações a seguir servem apenas como referência:

	Mini-Cooper S britânico	**Mini-Cooper 1300 Export Innocenti**
Cilindrada	1.275 cm³	1.275 cm³
Taxa de compressão	9,75:1	9,75:1
Potência	76 cv (líquido) a 5.800 rpm	71 cv (bruto) a 5.800 rpm
Torque	10,9 kgfm a 3.000 rpm	11 kgfm a 3.200 rpm

Embora a potência fosse pouco menor que a do 1275S, a Innocenti continuou declarando velocidade máxima de 153 km/h.

À esquerda: Os Mini--Coopers fabricados na Itália pela Innocenti foram gradualmente sofrendo modificações. A foto mostra um dos arranjos de painel e instrumentos que o carro teve ao longo dos anos.

VIETATO FUMARE

O hatchback da Bertone

Em um desenrolar de acontecimentos que confundiu os observadores do Mini durante anos, uma gigante italiana e uma firma de estilo afim – a Bertone – se envolveram com o Mini. No Salão do Automóvel de Turim, em novembro de 1974, a Innocenti apresentou um novo modelo: o Mini Innocenti.

A British Leyland aprovou esse projeto – era para suprir plataformas sem carroceria e todos os componentes de chassi – e havia rumores de que isso era também uma pesquisa de opinião interna. Não era bem assim – em sociedade com a Bertone, a Innocenti tinha conseguido aprovação da British Leyland para iniciar esse projeto como um empreendimento isolado.

A Innocenti tinha o tamanho, o profissionalismo e a força industrial necessários para fazer a sua própria carroceria de aço estampado e o ferramental, mas não tinha departamento de estilo, então delegou isso à Bertone. Embora usasse os conjuntos de plataforma e parede de fogo do Mini praticamente inalterados, além do bem conhecido motor da série A, transmissão e chassi, a Innocenti fez uma estrutura superior nova muitíssimo atraente.

O comprimento total era 3.124 mm – 76,2 mm a mais do que o original – enquanto a largura aumentou para praticamente 1.498,6 mm. No conjunto, as linhas eram mais racionais e vivas que as do Mini original, e o carro tinha traseira hatch/terceira porta e bancos traseiros rebatíveis.

A Innocenti produziu esse carro nas formas 998-cm³ "90" e 1.275-cm³ "120" – sendo que os dois motores tinham em comum o radiador d'água montado na dianteira, com ventilador elétrico. Ambos contavam com mais equipamento de luxo que os carros produzidos no Reino Unido: os modelos 120 tinham, de série, o painel que ocupava a largura toda do carro, ventilação no nível do rosto, bancos dianteiros reclináveis e limpador/lavador do vidro traseiro.

Apesar desses carros pequenos e simpáticos terem o mesmo espaço que os originais e serem consideravelmente mais caros, tinham charme, e logo começaram a vender muito bem. Mas por que, então, o desenho Bertone não foi adotado em Longbridge?

A explicação foi dada pelo estilista Harris Mann: "O problema estava na configuração interna: o espaço não era maior, mas menor que o do Mini – isso nunca seria admitido. Charles Griffin [que tinha se tornado diretor de engenharia recentemente] estabeleceu um espaço interno mínimo para o novo carro, do qual Bertone estava bem longe".

O interesse britânico no Mini Bertone, consequentemente, morreu quase logo após ele ter nascido. Embora a British Leyland tivesse importado algumas unidades e pensasse bastante em utilizá-lo, a ideia de transplantar a produção para o Reino Unido foi logo abandonada. O carro estilizado por Bertone, entretanto, prosseguiu sua longa e expressiva carreira. Depois da falência da British Leyland, em 1975, a Innocenti foi comprada por Alejandro de Tomaso (cujos outros interesses já incluíam a Maserati). A partir de 1976, o Mini recebeu emblema Mini De Tomaso e prosseguiu com força. Em 1982, passou por grandes mudanças, recebendo um motor Daihatsu 993-cm³ de três cilindros, mas mantendo as arquiteturas de plataforma e suspensão. A Fiat acabou comprando a Nuova Innocenti e o último carro baseado no Mini foi fabricado em 1993.

Acima: O estilo vivo que a Bertoni imprimiu no Mini Innocenti deixou o carro bem diferente do original da BMC – tinha uma terceira porta e bancos traseiros rebatíveis.

A produção do Mini Innocenti

A produção total de Minis Innocenti, de 1965 a 1976, foi de aproximadamente 450.000 unidades. Desse total, os seguintes eram Mini-Cooper:

Modelo	**Anos**	**Unidades produzidas**
Mini-Cooper Mk I	1966–1968	12.800
Mini-Cooper Mk II	1968–1970	9.000
Mini-Cooper Mk III	1970–1972	15.500
Mini-Cooper 1300	1972–1973	10.000
Mini-Cooper 1300 Export Leyland-Innocenti	1973–1975	28.200

Na página ao lado: Minis Innocenti sendo produzidos em massa, em Milão, em 1974 – a foto mostra quanto os italianos estavam determinados a tornar esse carro estilizado por Bertone um grande sucesso. A linha de montagem do Mini-Cooper aparece em segundo plano.

MINI ROVER E MINI-COOPER 1990–2000

1990–1996 Novos Coopers Rover e Cabriolés

Em maio de 1989, uma notícia modesta ligada ao Rover Group foi comemorada pelos entusiastas do Mini quase com tanta reverência como a Segunda Vinda do Messias. A notícia dizia que, pela primeira vez em dezoito anos, Longbridge tinha novamente dado aprovação oficial para o "Cooper" ser vinculado ao "Mini". Apesar de se tratar de aprovação para um kit de desempenho apenas, desenvolvimentos importantes estavam a caminho.

Mas o Cooper ressuscitado em 1989 era muito diferente – até os nomes tinham sido mudados. Longbridge, o lar do Mini, ainda estava lá e, embora estivesse envelhecendo mais rápido do que o investimento pudesse acompanhar, tinha mudado muito. A British Leyland tinha terminado seus dias no final da década de 1970 desacreditada, assim como a Austin-Rover, em seguida, cujo lugar foi tomado por uma empresa chamada Rover Group. Mas não foi só isso: desde 1988 a Rover tinha passado a pertencer ao British Aerospace Group.

À direita: Mesmo antes de a Rover relançar o Mini-Cooper, em 1990, ela lançou o Kit John Cooper de Conversão de Desempenho – que consistia de dois carburadores SU *no motor de 998 cm³. A potência era 64 cv e a conversão custava 995 libras, mais impostos e mão de obra.*

A politicagem do Mini-Cooper relançado

Quando o adorado Mini-Cooper 1275S da British Leyland foi descontinuado, em meados de 1971, todo mundo pensou que era o fim de uma carreira notável para o carro. A direção da British Leyland queria se livrar de qualquer coisa para a qual tivesse que pagar royalties – John Cooper muito merecidamente ganhou royalties por cada carro produzido – e estava convencida (erroneamente) de que o 1275GT poderia fazer o mesmo trabalho de construção de imagem para o Mini.

Mas lá, no mercado, o consumidor não queria que o carro morresse e ficava choramingando pelo seu retorno. Levou tempo – só quase vinte anos depois é que uma nova geração de diretores em Longbridge foi convencida a remexer os velhos arquivos, espanar o pó dos velhos perfis de marketing e relançar o emblema Cooper!

Porém, a maioria dos antigos entusiastas do Mini-Cooper em Longbridge não estava mais na diretoria e o Mini (ainda sendo produzido nas mesmas antigas instalações e nas mesmas antigas linhas de montagem) tinha se tornado um modelo marginalizado, bastante ofuscado pelo Metro e outros carros de tração dianteira inspirados nos Hondas.

Como na Rover ainda havia muita gente obcecada por lucro, que achava que o Mini já devia ter sido descontinuado (no final da década de 1980, o interesse pessoal de Graham Day, da British Aerospace, teve muito a ver com a sobrevida do carro), a direção teve que ser muito cuidadosa. É por isso que a primeira leva de "novos" Mini-Coopers foram conversões de Minis comuns oficialmente aprovadas, carros com motor de 998 cm³ de dois carburadores, a serem produzidos por John Cooper, em 1989 – a desculpa dada para essa empreitada foi a comemoração do aniversário de trinta anos do Mini. Essa conversão, na verdade, estava apenas disponível em carros de câmbio manual que não tinham catalisador.

Quando a revista britânica *The Autocar* testou o carro, destacou "A volta do teto branco" e mencionou com carinho a melhoria na personalidade e no desempenho (embora o carro tivesse apenas 64 cv). Talvez a velocidade máxima de apenas 137 km/h, e 0-96,5 km/h em 13,2 segundos tenha devolvido o carro ao patamar do Mini-Cooper da década de 1960, mas quem estava preocupado com isso?

Rodas de liga leve, volante com três raios de alumínio, rodas que patinavam se e quando se tivesse sorte, o teto branco e a decoração especial (que incluía listras por toda a extensão da lateral e decalques traseiros) faziam o carro valer a pena. Tudo isso por um preço um tanto salgado – a conversão feita nas instalações de John Cooper, em Ferring, West Sussex, estabeleceu o valor do carro em 1.466 libras.

Acima: Relançado em 1990, o Mini-Cooper tinha diferenças visuais sutis em relação ao seu antecessor do início da década de 1970.

Mini-Coopers produzidos em série

Mas aquilo era só o começo, porque a Rover tinha planos de novamente começar a produzir Minis com o emblema Cooper em Longbridge. O primeiro dos Mini--Coopers oficiais da nova geração, com motor de 1.275 cm³, foi lançado em julho de 1990 e era baseado na edição especial Mini Thirty.

Contudo, embora o nome fosse o mesmo da década de 1960, a especificação técnica era bastante diferente daquela dos primeiros modelos – como mostra a tabela comparativa. Embora a carroceria básica fosse a mesma de antes, tudo, do motor à transmissão, suspensão, freios e equipamento da carroceria, tinha "amadurecido" nas décadas de mudanças.

Estava previsto que todos os carros tivessem rodas de liga leve tipo Minilite, extensões nos arcos das rodas e o famoso teto branco contrastando com carrocerias de cores fortes: fora isso, o lote original vinha com o tradicional capô de corrida com faixas brancas em ângulo, mais a assinatura "John Cooper", teto solar de vidro e faróis auxiliares de longo alcance.

Em função do impacto de nova regulamentação sobre ruído e emissões pelo escapamento, recentemente implementada, os carros tinham que ser equipados com

Quase vinte anos após a British Leyland ter descontinuado o emblema Mini-Cooper, o carro foi relançado pela Rover, com motor de 1.275 cm³ de um carburador. O modelo original da edição limitada de 1990 tinha assinaturas "John Cooper" nas faixas do capô.

Abaixo: Conta a lenda que, quando John Cooper ficou sabendo do relançamento da edição limitada de 1.650 unidades, achou que ia ter que autografar o capô de cada carro!

À direita: Ainda que todo mundo chame de "Minilites", essas rodas de liga leve (foi um desenho de roda usado nos carros de rali da fábrica na década de 1960) na verdade eram produzidas por outro fabricante, porque os direitos de marca registrada haviam caducado. Todos os Mini-Coopers estilo anos 1990 tinham essas rodas.

Na extrema esquerda: O Mini-Cooper relançado em 1990 tinha elaborada proteção de plástico para manter a água fora do distribuidor e dos cabos de velas da série A.

À esquerda: O Mini-Cooper de 1990 tinha retrovisores externos grandes, na cor da carroceria – mais tarde, os espelhos passaram a combinar com a cor do teto.

Abaixo: O jeito mais fácil de identificar o Mini--Cooper relançado na década de 1990 era pelo emblema na tampa do porta-malas e nas laterais traseiras. Nenhuma mudança na chapa externa chegou a ser feita neste modelo.

motores de 1.275 cm³ de um carburador, para que o veículo pudesse ter desempenho aceitável e pouca emissão. Os pneus eram discretos Dunlop SP Sports165/60R12.

A Rover tinha sugerido que para a primeira edição limitada fossem produzidas só mil unidades (com preço de venda de 6.995 libras), antes de a "produção normal" começar em setembro, mas acabaram sendo produzidos 1.650 exemplares.

A partir de setembro de 1990, a especificação de série foi simplificada – infelizmente para os colecionadores, as faixas brancas do capô, o teto solar, as assinaturas John Cooper e os faróis auxiliares foram eliminados (muitos desses itens permaneceram opcionais e eram pedidos com frequência – vá entender!). O volante e os carpetes eram pretos, no lugar da cor vermelha da edição limitada.

Pelos treze meses seguintes, esse carro de produção (geralmente conhecido como Mini-Cooper Carb) estava amplamente disponível – no começo por 6.595 libras – e desde o início um de cada três Minis produzidos em Longbridge no início da década de 1990 vinha com emblema Cooper. Comparando com os anos 1960, quando a imagem do Mini-Cooper era inteiramente nova, o modelo de 1990 não era tão diferente assim, mas ainda havia uma boa demanda para o carro de visual tão esportivo. Talvez fosse o emblema, ou as rodas, ou as faixas – os consumidores pareciam adorar os novos carros.

À direita: Acabamento e equipamentos diferentes, mas a mesma posição de dirigir do Mini antigo, na versão de 1990. Este Edição Limitada tinha volante com aro vermelho e bancos de couro.

Na página ao lado: Nem mais nem menos espaço no compartimento dianteiro do Mini-Cooper de 1990 do que antes.

Abaixo, à direita: Ainda sem muito espaço para os pedais mesmo no Mini--Cooper modelo 1990, com as caixas de roda dianteiras invadindo a cabine, como sempre.

Abaixo: No Mini-Cooper de 1990, os três instrumentos ficavam bem diante dos olhos do motorista – uma evolução lógica do que havia no 1275GT e dos carros de edição especial da década de 1980.

Abaixo: Nos primeiros 1.650 Mini-Coopers, todos de 1990, acabamento em couro preto e simpáticas etiquetas "Mini-Cooper" costuradas nos bancos.

Mais abaixo: Após renascer, o Mini-Cooper portava sua identidade orgulhosamente no botão da buzina, no centro do volante.

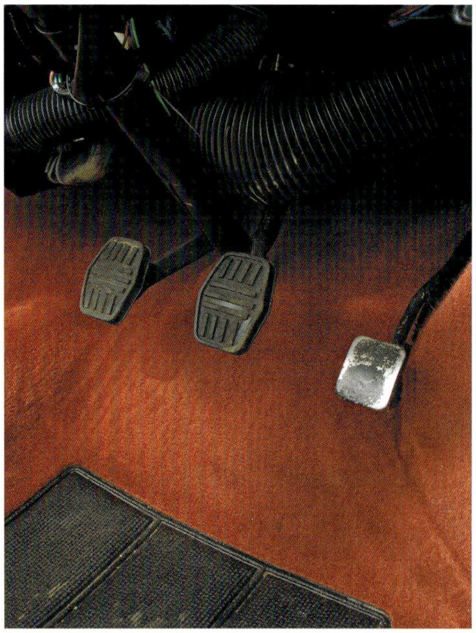

Em poucos meses, a mais recente conversão Mini-Cooper S de John Cooper chegou ao mercado, mas não foi fabricada em Longbridge, e, sim, realizada em Sussex. Tinha mais 15 cv e 16 km/h adicionais de velocidade máxima, com a ajuda de dois carburadores SU e um cabeçote retrabalhado, a um preço de conversão algo elevado, de 1.751 libras. O desempenho do carro era quase idêntico ao do lendário Mini-Cooper 1275S de 1960 produzido na fábrica. Por mais 671 libras, o cliente com dinheiro no bolso podia adquirir um "kit de estabilidade".

Mas tal carro só poderia ser criado se o cliente levasse o seu próprio carro (recém-emplacado e em geral há pouco amaciado) até uma concessionária Rover, ou até John Cooper, em Worthing, para ser convertido e aguardasse o trabalho ser feito. Isso fazia a procura ser na verdade, bastante limitada.

COOPER
PHILIPS

À direita: A partir de 1990, o Mini-Cooper passou a ter este emblema na tampa do porta-malas e nos cantos traseiros. Em 1971, a British Leyland não via a hora de derrubar o nome "Cooper", mas a Rover ficou encantada de tê-lo de volta em 1990.

À direita: O Mini-Cooper de 1990 tinha este emblema no capô, totalmente diferente do utilizado nos modelos dos anos 1970.

Mini-Cooper 1990: comparação entre o antigo e o novo

Os Mini-Coopers da geração original foram produzidos de 1961 a 1969. A geração nova de Mini-Coopers Rover foi lançada em 1990. Os dois modelos eram muito diferentes. Abaixo um resumo comparativo entre os dois modelos mais comuns:

	Mini-Cooper 998 cm^3	**Mini-Cooper Rover 1.3**
Lançamento	1964	1990
Carroceria	Janelas deslizantes, instrumentos no centro do painel, tanque de combustível de 25 litros	Janelas de subir e descer, instrumentos diante dos olhos do motorista, tanque de combustível de 34 litros
Motor	998 cm^3, 55 cv, dois carburadores SU	1.275 cm^3, 61 cv, um carburador SU
Câmbio	Sem sincronizador de 1ª	Totalmente sincronizado
Suspensão	Hydrolastic desde fim de 1964	Mola de borracha cônica
Freios	Discos dianteiros de 213 mm, servofreio não era item de série	Discos dianteiros de 213 mm, servofreio
Rodas	3½ J x 10	4½ J x 12
Pneus	Radial 145-10	Radial 145/70-12
Peso	635 kg	696 kg
Velocidade máxima	140 km/h	148 km/h
Preço no Reino Unido	568 libras (em 1964)	6.995 libras (em 1990)

Abaixo: Mini-Cooper modelo 1990. As rodas de liga leve reforçavam a herança esportiva.

De série ou modificados, esses novos Minis traziam de volta a diversão que era dirigir um carro pequeno em alta velocidade, até o limite da aderência dos pneus. O carro de série talvez não tenha sido significativamente mais veloz que o City ou o Mayfair, mas dava a sensação de ser – e todo mundo foi conquistado pelo estilo extrovertido que o novo emblema trouxe para o carro.

Os primeiros Minis a injeção

No mundo todo, a regulamentação sobre emissões pelo escapamento continuava fechando o cerco em torno do Mini – em função disso, o Mini-Cooper teve que ser atualizado para o ano-modelo 1992. A partir de outubro de 1991, o Mini-Cooper 1.3i substituiu o modelo anterior, com a letra mágica "i" indicando que o motor tinha sido equipado com injeção monoponto Lucas. Profissionais de engenharia vão entender que era quase milagroso um motor cujo projeto tinha raízes na década de 1950 ainda ser capaz de ser "limpado" para atender padrões da década de 1990.

No que diz respeito ao Mini-Cooper, isso era novidade (outros Minis seguiriam o

Acima: Quando a Rover relançou a marca Mini--Cooper, em 1990, divulgou uma foto comparando o novo modelo com um Mini-Cooper Mk II de 1967. Não chegam a ser muito diferentes visualmente, certo?

À esquerda: Mestre em dirigir apoiado só em duas rodas, Russ Swift dava show com este trio de Mini-Coopers nos anos 1990. Mas não tente fazer isso em casa...

Acima: O Mini-Cooper 1.3i a injeção substituiu o modelo original a carburador no final de 1991.

À direita: O interior de alguns Minis era mais espartano que outros; o carro da foto foi modificado exclusivamente para competição.

exemplo um ano depois), especialmente porque foi possível achar espaço sob o assoalho plano para o catalisador. Embora o preço tenha subido novamente, para 7.845 libras (720 libras a mais), em outubro de 1991, nem tudo era má notícia, pois a potência máxima declarada de motores produzidos na fábrica subiu de 61 cv para 63 cv, a velocidade máxima foi novamente elevada para mais de 145 km/h e aqueles faróis de longo alcance extras voltaram a vir de série.

Resumindo, ainda havia bastante novidade na vida do Mini/Mini-Cooper para manter os especialistas em preparação ocupados.

Infelizmente, o que realmente o Mini-Cooper 1.3i precisava trazer para os anos 1990 era uma caixa de câmbio de cinco marchas, mas isso não podia ser feito na configuração existente de câmbio dentro do cárter, e não houve a menor chance de que a instalação viesse a ser retrabalhada para tornar isso possível (como tinha sido feito no Metro daquele período). Mas isso não intimidou os consumidores, que saíram comprando do mesmo jeito que seus pais tinham feito na década de 1960, porque os carros tinham a mesma aderência de antes (os pneus Dunlop 165/60R-12 foram responsáveis por isso) e uma precisão de direção insuperável.

Como tinha feito com o carro original, John Cooper desenvolveu uma versão Mini-Cooper SI ainda mais rápida, dessa vez mantendo a injeção de combustível, mas com 77 cv e velocidade máxima de aproximadamente 160 km/h.

À direita: Quatro Coopers em uma foto só – John (o pai), Mike (o filho) e dois Mini-Coopers 1.3i, fotografados em 1995. Mais tarde, Mike negociou com a BMW para que lançasse um MINI-Cooper de nova geração.

À esquerda: John Cooper, pai da marca Mini-Cooper inteira, ficou encantado de ter seu carro novamente produzido na década de 1990. Na foto, ele aparece a bordo de um 1.3i de 1995, que tinha opcionais extras, incluindo estofamento de couro.

A partir dali, a especificação mecânica ficou inalterada por alguns anos, embora outras mudanças ainda fossem ocorrer. Melhorias de acabamento feitas em março de 1993 incluíam novo modelo de bancos dianteiros, alavanca interna para abrir o capô (34 anos após o lançamento da alavanca externa original), espelho externo na porta do passageiro e alarme/imobilizador de motor.

A essa altura, a Rover estava tão animada com o renascimento do Mini-Cooper que patrocinou a inscrição de carros de "fábrica" no Rali de Monte Carlo de 1994, embora os veículos tenham sido preparados fora da fábrica, o que não mudou praticamente nada. E a Rover escolheu o ano de 1994 porque, trinta anos antes, Paddy Hopkirk tinha conquistado uma famosa vitória pilotando o 33 EJB, o 1071S oficial de fábrica: na verdade, Paddy foi persuadido a pilotar um dos carros.

Para comemorar o fato, em janeiro de 1994 a Rover produziu uma série de carros com "kit visual" Monte Carlo, e, em julho do mesmo ano, um Mini Monte Carlo especial, que tinha interior diferenciado, com painel de madeira, rodas de liga de bronze e quatro faróis de longo alcance extras ocupando toda a extensão da grade dianteira, estilo rali – esse extravagante carro custava 7.995 libras.

Em meados de 1995, rodas mais largas (tala 6J, pneus 175/50) passaram a ser de série, além do painel em madeira. Antes das grandes mudanças que aconteceriam em outubro de 1996 (incluindo injeção de combustível multiponto – todas as mudanças serão descritas no próximo capítulo), o último dos Mini-Coopers a ser lançado com "kit visual" especial, em maio de 1996, foi o Mini-Cooper 35 – apenas duzentas unidades foram fabricadas, com preço de venda de 8.195 libras. Como nos carros Monte Carlo, uma linha de faróis de longo alcance ocupava toda a extensão da grade dianteira, e as rodas de liga leve eram pintadas de preto. A pintura do "35" era verde Almond (com interior verde), como nos carros originais de 1961. Depois disso, o Mini-Cooper foi ressuscitado para 1997, com motor de injeção de combustível multiponto e muito mais. O Mini prosseguiria sua trajetória por ainda mais quatro anos, na histórica fábrica de Longbridge.

Abaixo, à esquerda: Na década de 1990, o Mini-Cooper renascido tinha um tanque de combustível apenas – era um tanque maior, de 34 litros, usado também em outros modelos dessa época.

Abaixo: Para celebrar 35 anos de Mini-Cooper, John Cooper (à direita) e o celebrado piloto de corrida John Rhodes posaram ao lado de um Cooper 35 edição especial, engalanado com pintura verde Almond.

À direita: Um tema recorrente na publicidade do Mini era ter celebridades envolvidas. Esta é a famosa modelo/atriz Twiggy, sorrindo alegremente após dirigir o carro.

City, Mayfair e Sprite para a década de 1990

O entusiasmo que tomava Longbridge nesse período era devido ao renascimento do Mini-Cooper, mas, mesmo assim, os modelos City e Mayfair continuavam firmes como sempre. Logo que a década de 1990 começou, havia dois modelos com motor de 998 cm³ na linha: o City de entrada, e o Mayfair, destinado a uma faixa de mercado com maior poder aquisitivo. Os dois carros tinham motor de 42 cv, câmbio automático opcional, rodas de 12 polegadas e freios servoassistidos a disco nas rodas dianteiras.

Em 1982, quando o City foi substituído pelo Sprite, um carro com novo emblema, quase 1,5 milhão de modelos ADO20 tinham sido fabricados desde o início da produção, em 1969. Quando saíram de linha, isso também marcou o fim do motor de 998 cm³ na carroceria do Mini.

Abaixo: O Mini 1.3 Mayfair foi lançado em 1992, como uma atualização dos modelos de produção normal.

Dois novos modelos – emblema Sprite e emblema Mayfair – lançados em maio de 1992 tinham motor de 1.275 cm³ de 50 cv de um carburador. O nome Sprite tem uma história longa e variada na herança da BMC/British Leyland/Rover: primeiro batizou um carro esporte Riley, nos anos 1930, depois, o carro esporte Austin-Healey dos anos 1960, e, mais recentemente, em 1983, uma edição especial do Mini.

O Sprite substituiu o City como o Mini de entrada do momento: era vendido a 5.753 libras, e o Mayfair melhorado custava 6.932. O câmbio automático, opcional nos dois modelos, custava 965 libras – como esse valor era considerado alto, a demanda era muito limitada.

A maior parte das características do antigo modelo City foram mantidas nos Sprites, incluindo extensões dos arcos das rodas em plástico preto e para-choques cromados. Em contraste, o Mayfair último tipo tinha grade dianteira nova, igual à do Mini-Cooper, acabamento e equipamentos mais sofisticados, incluindo bancos revestidos de veludo, painel com dois instrumentos, e a opção de rodas de liga leve no estilo do Cooper. Como sempre, as melhorias eram desenvolvidas regularmente:

Maio de 1993 – bancos dianteiros maiores no estilo do Metro, alavanca interna para abrir o capô (pela primeira vez), e (apenas no Mayfair) um painel de nogueira ocupando toda a extensão do interior, com três instrumentos.

Agosto de 1994 – Para se adequarem à regulamentação mais recente sobre emissões pelo escapamento, os dois carros passaram a ter injeção de combustível monoponto no lugar do carburador SU, o que ajudou a aumentar a potência máxima para 53 cv a 5.000 rpm e a elevar a velocidade máxima de 140 km/h para 141,6 km/h.

Junho de 1995 – Os dois carros ganharam carpete preto, cintos de segurança com retráteis nos bancos traseiros (para se igualarem aos dos bancos dianteiros), um sistema de imobilização/alarme com controle remoto e mais uma série de melhorias no acabamento e nos bancos. Esta viria ser a última leva de melhorias nessa geração de Minis.

Nessa época, a produção total de Minis em Longbridge tinha se estabilizado no patamar mais baixo de todos os tempos. Em 1992 foram produzidos 26.197 carros, e em cada um dos três anos seguintes, menos de 20.500. Embora ainda houvesse demanda, já não era tão alta como nos dias de glória das décadas de 1960 e 1970. Nem mesmo o tão esperado lançamento de um modelo conversível tinha ajudado a reverter essa tendência.

Rover Mini-Cooper 1.3i e seus concorrentes em 1991

Marca e modelo	Velocidade máxima (km/h)	0-96,5 km/h (segundos)	0-402 m (segundos)	Consumo (km/l)	Preço total (libras)
Citroën AX GT	172,1	9,0	16,8	12,7	8.885
Daihatsu Charade GTi	183,4	7,9	16,4	12,3	9.340
Fiat Uno Turbo IE	202,7	8,3	16,4	11,0	10.939
Ford Fiesta XR2i	189,8	8,9	16,7	11,9	10.522
Rover Mini-Cooper 1.3i	148,0	11,5	–	13,6	7.845
Suzuki Swift 1.3 GTi	183,4	8,7	16,8	12,3	8.199

Finalmente um Mini conversível

No projeto do Mini de 1957/1958, Sir Leonard Lord, presidente da BMC, tinha passado para Alec Issigonis um esboço bastante rígido. Durante os primeiros anos, no mínimo, Issigonis e equipe tiveram que se concentrar nesse caminho reto, deixando as frivolidades para mais tarde, como um modelo conversível.

Exceto pelo Mini Moke, essa espera demorou mais de trinta anos – na verdade, em Longbridge, porque a empresa privada Crayford Engineering, por exemplo, já tinha abordado esse assunto no começo da década de 1960. O primeiro Mini conversível bem-sucedido foi o Crayford original, lançado em meados de 1963.

No final dos anos 1980, o mundo automobilístico estava começando a tratar o Mini clássico como um cão de estimação – a pessoa sorri benevolente quando vê o animal, faz um agrado na cabeça, mas não exige nada além de amor e afeição, porque não há mais surpresas. Bem, pelo menos até 1991, quando o pessoal de marketing da Rover de uma hora para a outra decidiu que carro sem capota era um atrativo. Foi assim que o Mini de teto de lona foi aprovado e, junto, criou-se o conceito do Metro e do Rover 200 Cabriolet. Embora tenha sido um capricho de vida curta, o carro baseado no Mini acabou chegando ao mercado.

Acima: Levou 32 anos para os donos do Mini aprovarem a produção de um derivado conversível do Mini – este é o Cabriolet de 1991.

À esquerda: O Cabriolet, lançado em 1991, continuou sendo um carro de quatro lugares, mas não havia como esconder a capota quando baixada...

Empreitada alemã

O primeiro conversível oficialmente patrocinado pela Rover, de visual muito elegante, foi produzido pela LAMM Autohaus, concessionária da Rover alemã, que acabou colocando o modelo no mercado através de doze concessionárias Rover na Grã-Bretanha. Adotando como base um Rover Cooper contemporâneo com injeção de combustível, a LAMM contratou a Karmann, os especialistas alemães em conversão de cabriolé/carroceria, para fazer a parte de engenharia do trabalho e para modificar, reequipar e fabricar as carrocerias de produção.

Como era de esperar, a Karmann foi instruída a não mexer no chassi rolante do carro. Os especialistas se concentraram inteiramente na carroceria, cortaram fora o teto e os cantos traseiros, fizeram mudanças extensas (não aparentes) nas soleiras e nas colunas B e C (para trás das portas) e incluíram uma nova travessa no assoalho, tudo para ajudar a manter a rigidez.

O conjunto externo carroceria/kit visual incluía enormes pneus 175/50 em rodas de liga leve Revolution com cinco raios, grandes extensões dos arcos das rodas para cobri-los, soleiras ao longo das laterais e um defletor dianteiro (com faróis de longo alcance embutidos), tudo isso aliado a um interior sofisticado, que incluía painel plástico simulando madeira, manopla da alavanca de câmbio, revestimento das portas e volante estilo Cooper em couro.

Em função de rodas, arcos e soleiras volumosos, o conversível da LAMM parecia bem maior que o Mini sedã em que foi baseado, mas não era mais longo e pesava talvez uns 60 kg a mais.

O teto de lona era volumoso e ficava abrigado numa grande bolsa quando enrolado, mas isso não diminuiu o espaço dos passageiros no banco traseiro, que se manteve igual ao do sedã (o que nem sempre ocorre em outros conversíveis). Foi produzido somente na cor vermelho Cherry, com teto de lona marrom – mas a 12.250 libras, incluindo tudo, a cota britânica de 75 carros com volante do lado direito esgotou logo. Ao longo da década de 1990, a LAMM vendeu na Alemanha muitas outras unidades com volante no lado esquerdo.

Com o carro custando 12.250 libras, não era difícil achar que esse projeto falharia inevitavelmente, já que, na época, o preço de um Mini-Cooper sedã era 6.947 libras. O cabriolé, portanto, custava 76% mais que o sedã – na década de 1960, tal acréscimo teria eliminado o carro no seu nascimento, mas, nos anos 1990, havia pessoas ligadas em tendências que enxergavam o Mini como um genuíno clássico retrô, mesmo quando ele ainda estava no mercado.

Longbridge reage

Com todo o mérito, os planejadores de Longbridge pareceram ter reagido rapidamente à boa aceitação do cabriolé da LAMM. Em apenas dezesseis meses a Rover anunciou a sua própria versão do carro, afirmando que a Rover Special Products tinha se envolvido no lançamento do seu próprio modelo, que era "muito diferente" do carro da LAMM.

Tratava-se, claro, de um típico exercício de "cortina de fumaça" da indústria automobilística, já que o novo cabriolé era nada mais que uma evolução significativamente melhorada do carro da LAMM. Novamente a Karmann produziu as carrocerias, mas, dessa vez, a montagem final foi feita em Longbridge.

Por mais que eu tente, não consigo ver muita diferença visual ou técnica entre os conversíveis da LAMM (alemão) e os de Longbridge (produzidos na Grã-Bretanha), exceto pela melhoria para 63 cv (que, na época, todos os Coopers já tinham) e a instalação de um sistema de alarme contra arrombamento. Vale notar – o tempo voa nessa indústria, não? – que não havia arcos de segurança para o caso de capotagem atrás dos bancos (observe o MINI conversível atual para entender o que isso significa), nem air bag no volante, nem freios ABS. Por outro lado, se o consumidor quisesse desembolsar mais dinheiro, podia encomendar o teto de lona com comando elétrico...

Os cabriolés produzidos em Longbridge começaram a ser vendidos em julho de 1993 – quase 34 anos depois de o Mini original ter chegado ao mercado –, demorou tanto tempo assim? O modelo mais recente estava disponível em algumas cores (azul Caribbean ou vermelho Nightfire, ambos inicialmente com capota de tecido vermelho; o verde British Racing Green viria depois) e tinha mecanismo de operação do teto de lona feito pela Tickford. Dessa vez, o preço tinha sofrido uma leve redução, pois o carro de Longbridge era vendido a 11.995 libras (em meados de 1993, o Cooper sedã custava 6.995 libras, diferença de "apenas" 71%!). A Rover disse que pretendia produzir até quinze carros por semana – cerca de setecentos carros em um ano –, só que a corrida dos consumidores às concessionárias nunca chegou a acontecer.

O enrijecimento da carroceria e o equipamento deixaram o conversível mais pesado – 750 kg em vez de 689 kg – e, por isso, ele não acelerava tão rápido quanto o sedã. A Rover declarou velocidade máxima de 148 km/h, com 0-96,5 km/h em apenas 12,3 segundos, mas os pneus mais largos davam maior aderência nas curvas e compensavam isso.

Depois da agitação inicial provocada pela publicidade, o conversível foi logo esquecido – o que não chegou a ser uma surpresa. Na verdade, a era do conversível tinha passado e o Mini clássico em si estava francamente a caminho da aposentadoria. Em 1996, a BMW já tinha assumido o controle da Rover, apenas setecentas unidades dos carros produzidos em Longbridge tinham sido vendidas, e raramente se via nas linhas de montagem de Longbridge algum conversível recém-produzido. Quando o Mini clássico passou pela sua última grande renovação, em 1996, o conversível foi descontinuado sem alarde.

Abaixo: O Cabriolet foi extensamente reprojetado – não só na cabine, mas também com a inclusão de extensões dos arcos das rodas maiores do que nunca, rodas especiais de liga leve e apliques bem resistentes no para-choque.

Edições limitadas

Como tinha ocorrido nas décadas de 1970 e 1980, nos anos 1990 o mercado foi inundado de boas edições especiais. Elas foram feitas, claro, para manter vivo o interesse em um carro que, nessa época, já tinha muito pouca novidade a oferecer. As regras básicas estabeleciam, como nos primeiros "especiais", que as edições especiais tinham que parecer muito mais exclusivas do que realmente eram. Sob as chapas, os componentes eram os mesmos, mas, visualmente, a roupagem era às vezes inteiramente nova.

Em todos os casos exceto um (o cabriolé produzido pela LAMM, já descrito), as edições especiais de Minis da companhia tinham como base o conhecido sedã de duas portas e frente curta. Todos os carros apresentados a seguir tinham motor de 998 cm³, fora indicação em contrário. Em alguns casos, uma característica ou equipamento foi utilizado pela primeira vez em um Mini (mas eventualmente depois adotado como equipamento de uso corrente). Nesse caso, foi incluído sob "Inovações". Creio que se trata da lista completa de edições especiais de Mini do mercado do Reino Unido, de 1990 a 1996 inclusive. Todos os carros tinham extensões nos arcos das rodas.

Acima: Três edições especiais: o Flame, o Check Mate e o Racing foram todos lançados em fevereiro de 1990, bem na hora de suscitar interesse pelo Mini-Cooper tradicional.

Na extrema esquerda: O Mini British Open Classic era uma edição limitada que tinha uma tênue ligação com o clássico evento anual de golfe no Reino Unido. Uma de suas características importantes era o teto solar de lona que abrangia todo o teto.

À esquerda: O Mini edição especial Italian Job, lançado em outubro de 1992, vinha em quatro cores diferentes. Parecia mais veloz do que realmente era, porque tinha um motor normal de 50 cv/1.275 cm³.

1990 – Racing Green/Flame Red/Check Mate (City): verde, vermelho ou preto, todos com teto branco e rodas estilo Minilite. Preço: 5.455 libras, com câmbio automático opcional por mais 895 libras. Apenas 2.500 unidades produzidas para os consumidores do Reino Unido, muitas outras para exportação. Inovações: redução final de 3,44:1 (ex-Mini-Cooper S), kit de desempenho John Cooper aprovado pela Rover.

Studio 2 (City): preto, azul Nordic ou cinza Storm, mais estofamento de napa. Preço: 5.375 libras, 2.000 unidades produzidas para o Reino Unido.

Mini-Cooper (Thirty, ex-Mayfair): precursor do reintroduzido Mini-Cooper de produção, já mencionado anteriormente. Preço: 6.995 libras, mil unidades produzidas. Inovações: motor de 1.275 cm³, pela primeira vez usado em um Mini não Cooper S.

1991 – Neon (City): azul Nordic, mais acabamento em veludo Chevron. Preço: 5.570 libras, 1.500 unidades produzidas.

Cabriolet (Mini-Cooper): conversível, finalizado pela LAMM da Alemanha, como já descrito anteriormente. Preço: 12.250 libras, com apenas 75 unidades vendidas no Reino Unido. Inovações: primeiro Mini do tipo aprovado pela fábrica; não construído no Reino Unido; pneus/rodas 175/50-12.

1992 – British Open Classic (Mayfair 1.3): British Racing Green. Preço: 7.195 libras, mil unidades produzidas para o Reino Unido. Inovações: teto solar de lona com comando elétrico.

Italian Job (Sprite): inspirado, claro, no filme *The italian job* (*Um golpe à italiana*), só que 23 anos após seu lançamento. Pintura em quatro esquemas de cor diferentes: vermelho Flame, branco Diamond, verde metálico British Racing Green e azul Electric, com teto em cor contrastante. Preço: 5.995 libras, mil unidades produzidas para o mercado do Reino Unido e 750 para a Itália. Inovações: volta da grade no estilo 1960 do Morris Mini-Minor, e dois faróis de longo alcance adicionais.

1993 – Rio (Sprite): três esquemas de cor. Preço: 5.495 libras, 750 unidades produzidas para o Reino Unido.

Tahiti (Sprite): pintura perolizada azul Tahiti. Preço: 5.795 libras, ou 6.715 com câmbio automático, quinhentas unidades produzidas para o Reino Unido.

1994 – Monte Carlo (Mini-Cooper): kit visual de rali, não era uma edição especial verdadeira, custava 7.195 libras. Inovações: adesivo com número de rali nas portas, quatro faróis de longo alcance (dois a mais que no carro de série).

Mini 35 (Sprite): três esquemas de cor, acabamento especial. Preço: 5.695 libras, mil unidades para o Reino Unido e diferentes derivados para exportação.

Monte Carlo (Mini-Cooper 1.3i): kit visual de rali, quatro faróis de longo alcance, rodas de liga leve de cobre, pneus 165/60-12, interior especial incluindo painel de madeira no estilo do Mayfair. Preço: 7.995 libras, duzentas unidades produzidas para o Reino Unido.

Cooper Grand Prix (Mini-Cooper 1.3i): motor especial de 86 cv, quatro faróis de longo alcance, rodas especiais de liga leve de 12 polegadas com pneus de seção 165 mm. Interior com acabamento especial. Preço: 13.495 libras, mas apenas 35 carros foram produzidos sob encomenda particular à John Cooper Garages.

1995 – Sidewalk (Sprite): três esquemas de cor. Preço: 5.895 libras, mil unidades produzidas para o Reino Unido.

Acima: O Mini Tahiti foi uma edição especial apresentada pela primeira vez em outubro de 1993.

Abaixo: O Mini 35SE, edição especial de 1994.

À esquerda: O "Velho Número Um" (621 AOK) e o Mini comemorativo do aniversário de 35 anos lado a lado em Gaydon, com placas combinando. Muitos anos de diferença, mas pouquíssima mudança no estilo.

À direita: Edição limitada do Mini-Cooper Monte Carlo lançada em 1994 para celebrar os trinta anos da vitória de Paddy Hopkirk. Ao fundo, o vencedor de Monte Carlo de 1964 (com o número "37") e o carro de competição de 1994.

Na extrema direita: O Sidewalk, edição limitada de 1995, era baseado no Sprite existente.

Especificações do Mini-Cooper de 1990 a 1996

MOTOR

Descrição
Motor de quatro cilindros em linha, com bloco e cabeçote de ferro fundido. Comando de válvulas no bloco acionado por corrente, válvulas no cabeçote operadas por varetas e balancins. Câmaras de combustão em formato de coração. Pistões de liga de alumínio, bielas de aço forjado. Virabrequim com contrapesos de três mancais.

Cilindrada
1.275 cm³

Diâmetro e curso
70,64 mm x 81,33 mm

Taxa de compressão
Carburador 10,5:1
Injeção de combustível 10,0:1

Potência máxima
Carburador 61 cv a 5.500 rpm
Injeção de combustível 63 cv a 5.700 rpm

Torque máximo
Carburador 8,43 kgfm a 3.000 rpm
Injeção de combustível 9,67 kgfm a 3.900 rpm

Alimentação
Um carburador SU de 1½ pol (38,1 mm) ou injeção de combustível monoponto Rover

TRANSMISSÃO

Caixa de câmbio
Quatro marchas totalmente sincronizadas.

Relações

1ª	3,647:1
2ª	2,185:1
3ª	1,425:1
4ª	1,000:1
Ré	3,667:1

Embreagem
Mola de diafragma Borg and Beck, 180 mm

Redução final
Engrenagens cilíndricas helicoidais, relação: 3,11:1

FREIOS

Dianteiro
Lockheed a disco, 213 mm de diâmetro

Traseiro
Lockheed a tambor, 178 mm de diâmetro x 31,75 mm de largura

Operação
Lockheed hidráulico, servofreio a vácuo

Freio de estacionamento
Alavanca, com ligação por cabo aos tambores traseiros

SUSPENSÃO

Dianteira
Independente, molas de borracha cônicas, triângulos superpostos, amortecedores telescópicos

Traseira
Independente, molas de borracha cônicas, braços arrastados, amortecedores telescópicos

DIREÇÃO

Tipo
Pinhão e cremalheira

Número de voltas entre batentes
2,33

Diâmetro mínimo de curva
9,75 m, aproximadamente, entre guias

Volante
Dois raios, 40 cm de diâmetro

RODAS E PNEUS

Roda
4½ J x 12 liga leve

Pneu
Radiais, 165/60-12 (1.3I 145/70-12, depois 165/60-12 a partir de 1995)

DESEMPENHO

Velocidade máxima
Carburador 140 km/h
1.3i 148 km/h

Aceleração 0-96 km/h

Carburador	12,2 s
1.3i	11,5 s

Consumo médio de combustível
Carburador 8,6 km/l
1.3i 8,8 km/l

DIMENSÕES

Comprimento
3.054 mm

Largura
1.410 mm

Altura
1.346 mm

Distância entre eixos
2.032 mm

Bitolas
Dianteira: 1.207 mm
Traseira: 1.176 mm

Distância mínima do solo
152 mm

Peso em ordem de marcha
696 kg

Cooper S (Mini-Cooper 1.3i): edição especial, executada pela John Cooper Garages, embora aprovada oficialmente. Com motor de 86 cv (como o Grand Prix) e radiador de óleo. Painel com acabamento em nogueira. Preço: 9.975 libras, mas a quantidade produzida não foi revelada.

1996 – EquinoX (Sprite): três esquemas de cor. Preço: 6.195 libras, 750 unidades produzidas para o Reino Unido.

Cooper 35 (Mini-Cooper): três esquemas de cor, interior com acabamento exclusivo. Rodas de liga de cobre cinzentas e pneus 165/60-12. Painel de madeira com mostradores de fundo creme. Preço: 8.195 libras, duzentas unidades produzidas.

Mesmo após 37 anos, a história ainda não tinha chegado ao fim, porque mais oito edições especiais surgiriam no derivado final do Mini, entre 1998 e 2000: essas edições serão apresentadas no próximo capítulo.

1996–2000
A renovação final

Logo que a BMW assumiu o controle do Rover Group, em 1994, fez um estudo de todas as marcas da empresa. Para seu espanto, descobriu que a Rover tinha praticamente abandonado a marca Mini à própria sorte, principalmente porque não tinha capital para investir na renovação ou substituição dos modelos existentes.

Antes de 1994, a política da Rover era continuar produzindo o Mini enquanto houvesse pessoas querendo comprá-lo e a especificação existente atendesse às exigências de legislação dos países em que o carro ainda era vendido. Mas a BMW, que evidentemente percebeu o valor inestimável da marca Mini (tão bem cotada quanto Coca-Cola, McDonald's ou Nike), tinha outras ideias para o futuro da marca.

A estratégia da BMW

Quando a BMW assumiu, Chris Lee, engenheiro da Rover (que se tornou Líder de Projeto do Mini substituto), descreveu para mim a situação daquele momento: "Foi interessante ver quantas pessoas tinham esboçado planos de produto mostrando o fim do Mini. Mas, quando chegou a hora, ninguém tinha coragem de colocá-los em prática...."

"Mas... nós sempre achamos que o Mini era muito interessante, mas nunca nos demos conta de quanto a marca era de fato poderosa..."

"Quando a BMW nos perguntou sobre o Mini, ficaram horrorizados quando dissemos: 'Se não conseguirmos mais mantê-lo dentro das exigências legais, vamos deixar que se encerre'."

Mas Torsten Muller-Oetvoes, especialista de marketing da BMW, me disse o seguinte: "Na Rover, ninguém parecia ter sensibilidade para enxergar quanto a marca Mini podia ser valiosa para a empresa. Não havia emoção lá..."

Foi praticamente a partir desse momento que a BMW adotou uma estratégia que iria reviver as riquezas do Mini. Seriam dois caminhos inter-relacionados. Primeiro, Longbridge criaria um Mini totalmente novo (que a BMW passaria a chamar de MINI, em maiúsculas, e seria lançado em 2000), e, nesse meio-tempo, o modelo "clássico" existente passaria por uma última e extensa renovação.

Nos dois anos seguintes, a Rover foi encorajada a dar uma boa analisada no Mini, para apresentar um pacote de melhorias de baixo investimento, que já tinham sido esquematizadas e testadas. Era consenso que a atualização deveria ser feita no modelo básico, e que alterações de motor, mecânicas e de acabamento interno podiam ser consideradas (e não só na "chapa de metal", como diria a indústria). Como o Mini tinha uma longa trajetória de vida, estando disponível no mercado há muito tempo, o Mini renovado também não precisou passar pelos rigorosos testes de impacto contra barreira da época, nos quais certamente teria sido reprovado – e os engenheiros da Rover ficaram muito aliviados quando souberam que o carro continuaria livre disso.

O resultado desse trabalho todo foi um Mini profundamente atualizado, que chegou ao mercado em outubro de 1996 e manteve o célebre antigo modelo vivo por mais quatro anos. Foram produzidas apenas 65.695 unidades, e muitas foram exportadas, principalmente para o Japão.

Divulgado como tendo "o pacote mais radical de melhorias dos últimos 36 anos" (um exagero, mas não totalmente descabido...), o novo modelo foi comercializado apenas como Mini, Mini-Cooper, ou Mini-Cooper com pacote esportivo opcional Sport Pack – os últimos sedãs Sprite e Mayfair anteriores tinham sido descontinuados em agosto de 1996. O malsucedido Cabriolet também parou de ser fabricado.

Novidade aqui e ali...

Embora o estilo do Mini não tenha sido modificado – o formato largo dos arcos das rodas, que ficou superconhecido, foi mantido – houve uma melhoria importante, mas não aparente. Pela primeira vez na história do Mini foram colocadas barras contra impacto lateral na parte interna das portas. Essas medidas de segurança incluíam também um volante (um ex-MGF, na verdade) com air bag e cintos de segurança com pré-tensionador.

Esse pacote de segurança indicava que o carro mais recente atendia à regulamentação europeia ECD2, e a Rover deixou claro que o

Acima: No aniversário de quarenta anos do carrinho, a BMW fotografou um Mini cheio de faróis de longo alcance em uma paisagem nevada.

Na página ao lado: Em Londres, o trânsito só piorava na década de 1990, mas o ágil Mini (aqui um modelo recente) conseguia avançar fácil pelas brechas.

Na página ao lado: Um exemplar de Mini em sua derradeira especificação: o interior com acabamento Balmoral deu um show em 1997.

carro atualizado podia então permanecer até 2003 – se a demanda continuasse.

Ainda outras atualizações foram feitas sob o capô. O velho conhecido motor de 1.275 cm³ passou a ser equipado com injeção de combustível multiponto (um injetor para cada duto de admissão siamês), enquanto o distribuidor foi eliminado em favor de um sistema de gerenciamento eletrônico do motor MEMS2J da Rover. Nessa época, claro, a relação de compressão tinha sido elevada para 10,5:1, mas a potência máxima ainda era de apenas 63 cv, mas agora a 5.000 rpm.

Uma vantagem ligada à injeção de combustível multiponto foi que o torque máximo era agora desenvolvido a apenas 3.000 rpm (era a 3.900 rpm no modelo anterior) e isso permitia uma redução final bem mais longa (2,76:1). A boa notícia: a alta velocidade de cruzeiro era mais relaxada e econômica que antes; a má notícia: a aceleração do carrinho não estava à altura do modelo anterior.

A partir desse ponto, a propósito, não havia mais câmbio automático – não apenas porque não casaria bem com uma redução final tão longa como também a demanda para esse conjunto de quatro marchas compacto e agradável já vinha caindo havia alguns anos. A AP aparentemente levou a Rover a esse blefe, já que não podia continuar fornecendo câmbios automáticos em volume tão pequeno e pedir garantias de uma demanda maior.

Visualmente, também havia uma mudança importante sob o capô: o radiador do sistema de arrefecimento foi finalmente movido para a parte da frente do compartimento do motor, em vez de ficar de lado na parte interna da caixa de roda esquerda. Observadores do Mini tinham visto protótipos com radiador dianteiro rodando por Longbridge durante no mínimo vinte anos, mas a mudança de lugar do radiador só foi feita quando surgiu a exigência de reduzir os níveis de ruído (uma nova regulamentação para ruído de passagem estabeleceu um limite de 74 decibéis, em vez de 77 decibéis, o que pode não parecer muito, mas na verdade significava diminuir o nível desse ruído pela metade).

Abaixo: O Mini básico posa diante do Domo do Milênio de Londres, no ano 2000 – quarenta anos seguidos em produção.

O novo radiador de alumínio, além do ventilador elétrico do radiador, mangueiras e um reservatório de expansão em plástico, separado, custaram consideravelmente mais que o radiador de modelo antigo (que foi mantido em carros que seriam exportados para o Japão, onde essas regras não se aplicavam), mas certamente o ganho foi grande. O conhecido chiado dos ventiladores multipá montados de lado foi banido para o "armário da nostalgia" – e o ventilador elétrico só ligava quando a temperatura da água subia acima de um nível alto, predeterminado.

O uso de um alternador maior, de 65 ampères, era bastante óbvio, junto com o último tipo de correia poli-V para ele e para a bomba d'água, enquanto – não aparente mas também muito importante nessa atualização abrangente – havia um catalisador mais eficiente e um silenciador traseiro adicional.

As configurações da suspensão e do chassi continuaram as mesmas de antes, exceto pelo novo modelo de roda de liga leve "moedor de pimenta" que virou item de série até no modelo básico (não Cooper). Nos modelos Cooper, as rodas no estilo Minilite ainda eram utilizadas. Quando o Pacote Esportivo foi definido, foram colocados pneus 175/50-13 em rodas de liga leve estilo Minilite com tala de 6 polegadas.

Revisões no interior

As mudanças mais óbvias foram o que um corretor de imóveis chamaria de "melhorias estéticas", pois o carro passou por uma renovação completa no interior – apesar de o volante de direção ter permanecido com o tradicional ângulo "motorista precisa estar alerta", escolhido por Alec Issigonis tantos anos antes. Um volante modelo MGF (com air bag embutido) marcava presença em um novo painel superelegante (no Mini-Cooper era em madeira), os bancos foram melhorados, e a coluna de direção passou a ser desmontável e com novas alavancas de controle. As bordas dos instrumentos e os acabamentos das portas passaram a ser cromados, o revestimento interno foi feito em tecido padrão escocês nos carros de série, e havia um pacote opcional de interior todo em couro.

Como a moda automobilística havia mudado muito desde que Alec Issigonis inventou o Mini básico ultradespojado nos anos 1950, agora havia muito mais opções para um comprador personalizar seu Mini. No relançamento, em outubro de 1996, havia nada menos que 37 acessórios de personalização para escolher: alguns bem abrangentes, como o Pacote Esportivo para Mini-Coopers, por 795 libras, outros simples e avulsos, como a manopla da alavanca de câmbio, em metal ou madeira.

Não aparente, escondido da vista, havia muito mais material deixando o tratamento acústico melhor do que nunca, um sistema de alarme/imobilizador de motor supersofisticado (é, o Mini ainda era um carro visado pelos ladrões, especialmente os modelos que tinham montes de opcionais...), revestimentos de teto espumados e carpete para o assoalho moldado em peça única. Como toque de modernidade, havia até limpadores de para-brisa intermitentes e duas velocidades para o ventilador do aquecedor!

Junto com uma nova linha de cores externas (algumas novas, estilo retrô, que remetiam aos anos 1960), esse tipo de renovação tinha, obviamente, um preço – o Mini de entrada e o Mini-Cooper eram vendidos a 8.995 libras (sendo que o preço do último dos Sprites tinha sido meras 6.486 libras, e do último dos Mini-Coopers de modelo anterior, 8.386 libras). Isso com certeza contou para a má receptividade que esses novos modelos tiveram.

Era fácil inflar o preço de tabela pela aplicação de alguns acessórios. O Pacote Esportivo (disponível para o Mini-Cooper), que custava 795 libras, incluía rodas de 13 polegadas, pneus radiais com seção superlarga de 175 mm, moldagens maiores das extensões dos arcos das rodas, amortecedores Koni, escapamento cromado de maior diâmetro, fileira de quatro faróis de longo alcance/de neblina e instrumentos adicionais. Havia duas opções de "Pacote de Acessórios Brilhantes para a Parte Externa", era possível ter teto solar de lona com comando elétrico, estofamento em couro, painel de metal em vez de madeira, e mais e mais e mais...

De diversas formas, este era um Mini que galgara várias classes a partir do modelo original. Deixou de ser aquele carrinho de passeio despojado, de preço baixo, com tração dianteira, para se tornar o melhor carro possível baseado no Mini que os engenheiros e o pessoal de marketing conseguiriam colocar no mercado.

O que a imprensa achou do novo Mini

Seria pedir demais dos agitados jornalistas/testadores modernos que fossem gentis com o Mini, um carro que estava no mercado havia tanto tempo. Quando a revista *The Autocar* testou o Mini-Cooper em 1997, os jornalistas deram apenas três estrelas (de um total de cinco) e o descreveram como "um carro com uma dinâmica pré-histórica, mas ainda muito divertido". O teste também mostrou como era fácil inchar o preço, por conta do Pacote Esportivo a 800 libras, interior de couro a 500 libras e pintura perolizada valendo 265 libras. O motor de série de 63 cv mostrou-se capaz de apenas 141,6 km/h, com uma aceleração de 0-96,5 km em 13,3 s – ambos os números estavam um pouco abaixo dos números divulgados pela fábrica.

Mesmo assim, os jornalistas descobriram que: "Como sempre, o rodar da eficiente suspensão inteiramente independente é saltitante... mas, quando você faz uma curva em superfície lisa, longa, de repente essa suspensão faz sentido. Em carros contemporâneos de tração dianteira não se ouve falar de derrapagem nas quatro rodas, mas o Mini é fabuloso em produzi-las. Graças aos pneus (175/50-13, do Pacote Esportivo, claro), o Cooper faz curvas em velocidades de deixar qualquer um perplexo, transmitindo uma sensação íntima, meio bruta, através do volante".

Por outro lado, a nova abordagem de marketing não passou despercebida: "Hoje o Mini é muito mais uma declaração de moda do que era nos anos 1960. A Rover admite isso e está pronta para explorar essa vertente, oferecendo uma lista estonteante de opcionais..."

"Em termos rigorosamente objetivos, o Mini tem que ser descrito como um carro de outra época. Mas, como um objeto de desejo básico, ainda permanece entre os melhores."

Acima: O último modelo de Mini-Cooper do final dos anos 1990 portava essa placa simpática. Nos últimos anos, Mike Cooper usou essa placa em seus carros.

Edições especiais: todas baseadas nos modelos de 1.275 cm³

Em 1996, a Rover estava empenhada em produzir regularmente modelos em edições especiais, a fim de incrementar a demanda pelo Mini em períodos de calmaria. Não havia nenhum carro assim em 1997, mas a edição especial Paul Smith (estilista de moda) foi lançada em 1998 para reavivar essas tradições: assim, antes de a produção do Mini ser finalmente encerrada, seriam criados ainda sete Minis e Mini-Coopers, cada um com equipamento próprio da edição em questão:

1998 – Paul Smith (Mini): kit visual, mecanicamente de série. Rodas Minilite de liga metálica com acabamento em carvão, extensões dos arcos das rodas coloridas, quatro faróis de longo alcance e estofamento de couro preto. Preço: 10.225 libras, trezentas unidades produzidas para o Reino Unido e 1.500 para o Japão.

Cooper Sport (Mini-Cooper): pacote esportivo de suspensão; rodas de liga leve de 13 polegadas com tala de 6 polegadas; extensões dos arcos das rodas extralargas e na cor da pintura do carro, e dois faróis auxiliares. Nas cores verde Brooklands ou preta, com interior em couro verde. Preço: 10.525 libras, cem unidades produzidas.

1999 – Cooper s Touring (Mini-Cooper): disponível somente na John Cooper Garages, com conversão de motor 86 cv, suspensão melhorada, e pneus com seção de 165 mm, mas com câmbio de série. Pintura especial, painel em nogueira, materiais das portas em liga metálica. Preço: 11.595 libras, 400 libras a mais pelo Pacote Esportivo, e 1.655 libras extras pela caixa de câmbio Jack Knight de cinco marchas.

Cooper s Sport 5 (Mini-Cooper): à venda de forma particular a partir de 1997, oficialmente aprovado a partir do início de 1999. Igual ao Cooper s Touring (veja descrição logo antes), com câmbio de cinco marchas Jack Knight de série. Pacote Esportivo Rover também de série (rodas em liga leve de 6 x 13 polegadas, pneus com seção 175/50, suspensão recalibrada, extensões dos arcos das rodas extralargas). Estofamento de couro e teto solar elétrico opcionais. Preço: 13.650 libras.

À direita: Na década de 1990, a Rover inundou o mercado com edições especiais limitadas de Minis – a pintura deste foi desenhada pela modelo inglesa Kate Moss.

À esquerda: A última série de Minis, fotografados no ano 2000. Da esquerda para a direita: o Cooper, o Seven e o Cooper Sport.

Cooper S Works (Mini-Cooper): conversão feita pela JCG, oficialmente aprovada pela Rover. O mais radical dos últimos modelos dos Minis de rua, com motor de 90 cv, pneus mais largos em rodas de série (rodas de 13 polegadas eram extras), e caixa de câmbio opcional Jack Knight de cinco marchas. Interior com acabamento especial, incluindo painel e apliques na parte interna das portas de alumínio, mais volante de couro. Preço: 12.495 libras (quatro marchas) ou 14.595 libras (cinco marchas), 250 unidades produzidas.

Mini 40 (Mini): para celebrar quarenta anos seguidos em produção. Extensões dos arcos das rodas na cor da carroceria, dois faróis de longo alcance, bancos de couro coloridos, painel de alumínio, tocador de CD. Nas cores azul Island, vermelho Mulberry ou branco Old English. Preço: 10.995 libras, 250 unidades produzidas para venda no Reino Unido.

John Cooper (Mini-Cooper): mecanicamente de série, mas com rodas de 13 polegadas, acabamento/ equipamento especial, arcos das rodas maiores, dois faróis de longo alcance, estofamento de couro, painel de alumínio e outros itens, disponível na cor verde Brooklands, com teto e listas brancas Old English. Preço: 10.995 libras, trezentas unidades produzidas. Esta foi a última edição especial apoiada pela fábrica.

2000 – Quatro modelos já meio fracos foram lançados em abril de 2000, para sinalizar o encaminhamento para o fim: Classic Seven (9.495 libras), Classic Cooper (9.895 libras) e Classic Cooper Sport (10.895 libras) para o Reino Unido, além do Knightsbridge, somente para comercialização na Europa. Todas essas edições eram apenas criações visuais, sem nenhuma inovação ou melhoria mecânica.

Classic Se7en: feito para espelhar o Austin Seven original de 1959, foi vendido apenas nas cores branco Old English,

Abaixo, à esquerda: O modelo edição especial Knightsbridge, do ano 2000, ficou atraente nesta foto noturna: incluía arcos das rodas largos e rodas de liga leve de tala larga.

Abaixo: Quase lá – a ilustre carreira do Mini-Cooper se encerrou no ano 2000. A última edição foi este Cooper S da foto.

À direita: A edição final Mini Seven, fabricada no ano 2000, logo antes de a linha de montagem de Longbridge fechar as portas.

vermelho Solar ou preto, e tinha estofamento de tecido cinza e vermelho.

Classic Cooper: Muito próximo da especificação de série do Cooper de então, esse carro vinha nas cores vermelho Solar, preto, British Racing Green e azul Tahiti, todos com teto branco. O tecido dos bancos tinha acabamento em preto e prata.

Cooper Sport: Incluindo o costumeiro Pacote Esportivo, com quatro faróis de longo alcance, esta versão tinha a mesma variedade de cores que o Cooper, exceto pelo cinza Antracite, que substituiu o preto. O estilo dos bancos era exclusivo, em couro preto e níquel, aliado a um painel com acabamento e apliques no interior das portas de alumínio.

As mudanças ao longo de 41 anos

Item	Mini 850 1959	Mini-Cooper 2000
Motor	848 cm³	1.275 cm³
Potência (cv a rpm)	34 a 5.500	63 a 5.500
Peso em ordem de marcha	626 kg	715 kg
Velocidade máxima	120,7 km/h	144,8 km/h
0-96 km/h	29,7 s	12,2 s
Preço no Reino Unido	497 libras	9.945 libras

À direita: A edição limitada Mini-Cooper Sport de 2000 – uma das últimas – tinha este painel com desenho e estilo incrivelmente detalhados.

Os últimos Minis Rover

Bem antes de o século XX terminar, era evidente que o Mini clássico já estava vivendo uma sobrevida. Apesar do lançamento extravagante de outubro de 1996, as vendas anuais continuavam a cair: de 16.938 em 1997 para 14.311 em 1998 a 11.738 em 1999 – a maioria das unidades estava sendo exportada (especialmente para o Japão), menos da metade ficando no mercado do Reino Unido. Além disso, a BMW, dona da Rover naquele momento, tinha apresentado um exemplar do MINI nova geração no Salão do Automóvel de Frankfurt, em setembro de 1997, anunciando que ele chegaria ao mercado no ano 2000, quando então o Mini clássico seria descontinuado para abrir caminho para o novo.

Para dar espaço ao novo MINI, a BMW começou a esvaziar os pátios de Longbridge. O Metro foi o primeiro a ser retirado, no final de 1998, para que o ferramental da carroceria do MINI pudesse ser instalado no lugar dele, na West Works, e todo o trabalho técnico voltado para o Mini foi encerrado. No aniversário de quarenta anos do Mini, em Silverstone, em agosto de 1999, o MINI novo fez uma aparição rápida e fugaz. Em contrapartida, o Mini clássico foi eleito o Carro Europeu do Século – superando outros ícones, como o besouro da Volkswagen.

O processo continuou mantendo o ritmo, apesar de a BMW ter saído da Rover em março de 2000 (vendendo em seguida a empresa para o consórcio de John Tower Phoenix por apenas 10 libras) e ter transferido toda a atividade do MINI para a sua fábrica em Cowley na sequência (rebatizada de BMW Oxford). Outro fator complicador foi a transferência da produção do Rover 75 de Cowley para Longbridge, que começou a interferir no processo de planejamento da fábrica – mas nem isso impediu que o Mini fosse por fim condenado.

Anunciado com semanas de antecedência, o fim do Mini aconteceu na manhã de uma quarta-feira, 4 de outubro de 2000: o último exemplar de todos, um Mini-Cooper Sport vermelho Coral, de teto branco, com a pop star inglesa Lulu na direção, saiu de dentro da última linha de montagem. O carro portava a placa "1959-2000". O diretor Kevin Howe tirou bastante proveito da ocasião ("Estamos homenageando uma lenda automobilística, é comovente..."), que também foi palco para mostrar que o Rover 75 teria sua produção iniciada em Longbridge.

Em que pese a publicidade exagerada em torno do fim desse carrinho admirável, o tempo do Mini tinha mesmo acabado, já que as vendas tinham praticamente chegado a zero. Mesmo após uma redução de aproximadamente 900 libras no preço, levou tempo até que as últimas 2.000 unidades em estoque encontrassem compradores no varejo. Nesse meio-tempo, a BMW fez uma pré-estreia do seu MINI totalmente novo, embora ele fosse chegar ao mercado só em meados de 2001.

À esquerda: Quando um dos últimos modelos foi produzido, no ano 2000 (este da foto), a traseira do Mini tinha se tornado uma das mais conhecidas e amadas do planeta.

À esquerda: Em outubro de 2000, quando a carreira do Mini se encerrou, ele ainda era um ícone muito amado, apesar de as vendas terem despencado quase a zero.

Agora não havia mais chance de voltar atrás, nem de fazer o carro renascer. A Rover divulgou que o total de Minis vendidos desde 1959, incluindo todos os modelos, tinha sido 5.378,776, e que a última unidade seria encaminhada à British Motor Industry Heritage Trust (BMIHT), em Gaydon, para ficar guardada em segurança.

O último Mini recebeu a placa X411 JOP e seguiu para Gaydon em dezembro de 2000. Na cerimônia de entrega das chaves, o último exemplar estava lado a lado com o mais velho sobrevivente do Morris Mini--Minor (placa 621 AOK, originalmente produzido em 8 de maio de 1959). Hoje, o carro fica em uma caixa de vidro no museu do BMIHT.

Mas isso ainda não foi o fim, ou, citando Winston Churchill após sua vitória na batalha de El Alamein, em 1942: "Isto não é o fim. Não é sequer o começo do fim. Mas é, talvez, o fim do começo..." Embora a produção de novas unidades tenha sido encerrada, a reputação do Mini continuou a crescer. Toda vez que o novo MINI saía na imprensa, um jornalista com os olhos marejados de lágrimas invariavelmente se referia ao carro original. Os apreciadores de Minis produzidos nos primeiros anos continuaram a crescer, bem como o negócio de restauração.

A melhor notícia possível para os aficionados do Mini clássico é que o maquinário da velha linha de produção de Longbridge – em especial, as ferramentas

À direita: Para dar ao Mini clássico uma despedida bem chamativa, a Rover convidou a celebridade inglesa Lulu para saudar o último exemplar. Era um Mini-Cooper clássico, vermelho com teto branco. A pop star inglesa o dirigiu para fora da linha de montagem sob o olhar do presidente da Rover, Kevin Howe (de terno).

À direita: Em outubro de 2000, a MG Rover entregou a última unidade ao British Motor Industry Heritage Trust, para exposição permanente em Gaydon. Na cerimônia de entrega, o aperto de mãos entre Bob Dover (presidente e diretor do BMIHT e da Land Rover) e Nick Stephenson (vice--presidente da MG Rover). O "Velho Número Um" está posando com o mesmo grupo.

Na página ao lado: O último dos Minis clássicos foi produzido em outubro de 2000, em Longbridge.

de estamparia e dispositivos – acabou sendo enviado para a British Motor Heritage em Witney, perto de Oxford, o que passou a garantir um suprimento de longo prazo de peças, painéis, e até de carrocerias completas.

Quando a produção do Mini foi finalmente encerrada, a maior parte da equipe de estilistas já não estava mais lá, mas Jack Daniels (o fiel intérprete de Alec Issigonis e "o homem do desenho") ainda estava vivo e lúcido, aos 88 anos, e orgulhoso de recordar alguns pontos altos na carreira dessa máquina fabulosa: "Estou ao mesmo tempo orgulhoso e triste. Nunca imaginei que o carro fosse durar 41 anos, mas, da realeza ao povo, todo mundo teve um Mini..."

Talvez seja melhor que o MINI nova geração da BMW não tenha nenhuma relação técnica com o Mini clássico, porque Alec Issigonis teria detestado. E, afinal, o Mini de Issigonis era mesmo insubstituível...

Marcos da produção do Mini

Primeiro carro de produção	Abril de 1959
Unidade nº 1.000.000	Fevereiro de 1965
Unidade nº 2.000.000	Maio de 1969
Unidade nº 3.000.000	Dezembro de 1972
Unidade nº 4.000.000	Novembro de 1976
Unidade nº 5.000.000	Fevereiro de 1986
A última unidade	Outubro de 2000

Projetos do Mini que foram cancelados

Substituir um carro famoso como o Mini original sempre seria difícil. Diversas vezes, engenheiros e planejadores competentes e criativos esboçaram, rascunharam e eventualmente até construíram um protótipo, mas, até a BMW entrar em cena, em meados da década de 1990, esses projetos nunca chegaram aos salões de venda.

O motivo? O principal é que, partindo de um carro tão extraordinário, seria necessário um milagre para desenvolver algo melhor. Mas, mesmo chegando a uma boa solução de estilo e aprimoramento técnico, ainda havia o custo de colocar o carro em produção. Além disso, os Minis nunca chegaram a dar muito lucro, por isso, os financistas sempre achavam um jeito melhor de investir no futuro da British Leyland.

9x: Mini, pela segunda vez

Quando Alec Issigonis começou a renovar a linha inteira de produtos da BMC, no fim dos anos 1960, sua prioridade foi fazer um novo Mini. Muitos achavam que isso era inevitável. Um de seus colegas mais próximos me disse: "O Mini era a 'grande ideia' dele e ele queria ser lembrado por isso. Todos os carros da BMC que vieram depois eram maiores, mais pesados e de alguma forma menos 'puros'. Ele não estava de fato interessado neles. Ele só gostava de trabalhar em Minis..."

Assim, em 1967, Issigonis começou a produzir um substituto do Mini, junto com apenas seis engenheiros escolhidos a dedo, trabalhando em oficinas autônomas. Era o 9x, o primeiro dos vários esquemas sonhadores que criaram vida ao longo dos anos.

Issigonis estabeleceu que o 9x teria nova estrutura, novo motor e nova suspensão. Sua meta era fazer o 9x menor, mais leve, e de produção no mínimo 5% mais barata que o Mini existente.

À direita: Observando com atenção, dá para perceber que este não é um Mini comum. Durante a década de 1970, a pequena equipe de desenvolvimento de Alec Issigonis desenvolveu o "Mini sem marchas", com motor de comando de válvulas no cabeçote e um protótipo de caixa automática.

À esquerda: Um dos últimos projetos de Sir Alec Issigonis foi juntar o motor de comando de válvulas no cabeçote do modelo 9x a um novo modelo de câmbio totalmente automático "sem engrenagens". Isso levou à construção de um protótipo de "Mini sem engrenagens", que sobrevive até hoje.

Ainda sem limites estabelecidos para investimento ou inovação tecnológica, essa era uma meta audaciosa.

A estrutura era nova, com linhas mais precisas e angulosas. Não havia junta de carroceria aparente. As proporções eram modernas e resolutas e o capô, muito pequeno. Como era mais largo, com 148,6 cm, a cabine era um pouco maior que a do Mini. Tinha mais vidro e um novo modelo de traseira "metade hatch", com um vidro que abria para cima. Issigonis tinha aprovado o estilo pessoalmente, mas a forma com certeza tinha sido influenciada por Pininfarina, o consultor preferido da BMC. Embora o 9x fosse 10,2 cm mais curto que o Mini, a distância entre-eixos era 10,2 cm maior. Com isso, a cabine era mais longa e a posição do motorista no volante era melhor. Não havia mais os subchassis volumosos do Mini, e a suspensão era de molas convencionais de aço – com colunas McPherson na dianteira e eixo de torção na traseira.

O motor de 43 cv com 850 cm³ era o primeiro de uma família nova: com quatro ou seis cilindros, 750 cm³ a 1.300 cm³, todos com cabeçote de alumínio, bloco do motor de ferro fundido, árvore de comando de válvulas no cabeçote/acionamento por correia dentada e duas válvulas por cilindro.

O alternador foi construído no interior da massa principal do volante do motor e a transmissão (ainda sob o motor, em vez de acoplada na extremidade) tinha uma configuração mais simples, de duas árvores. Esse incrível pequeno motor era 25% mais eficiente do que o motor da série A, e, incluindo a transmissão, pesava apenas 90,7 kg: isso representava uma redução de 40% em relação ao motor da série A, que pesava 154,2 kg. E era possível aumentá-lo para 1.000 cm³. O novo motor era tão pequeno, e o compartimento do motor do 9x se acomodava tão bem em torno dele, que os protótipos dos carros nem conseguiriam ter rodado com um motor da série A. Mas, de certa forma, foi isso que acabou derrubando o projeto.

Dois protótipos 9x foram finalizados e em seguida colocados de lado: mas, curiosamente, o programa só foi abandonado formalmente em 1997. Issigonis na verdade deu azar, porque esse programa foi tocado na mesma época em que a BMH (a BMC tinha unido forças com a Jaguar) estava se fundindo com a Leyland, em 1968, para dar origem à British Leyland. Quando a diretoria da British Leyland chegou a Longbridge, em maio de 1968, não encontrou mais Issigonis no departamento principal de engenharia. Assim que os executivos descobriram o novo Mini, o carro imediatamente avaliado, o plano-mestre do motor foi abandonado e, assim, todo o ímpeto por trás do 9x se perdeu.

O investimento que seria necessário para construir o 9x nunca fez parte das preocupações de Issigonis. Já para a British Leyland, assim que seus executivos botaram os olhos no carro projetado pelo engenheiro, o investimento passou a ser a única preocupação.

O primeiro 9x foi concluído em 1968/1969, mas o carro não foi nem minimamente testado. Em maio de 1968, Harry Webster (ex--chefe técnico da Standard-Triumph) assumiu como diretor técnico da recém-batizada Divisão Austin-Morris. A ordem foi para o 9x ser sucateado, mas Issigonis e seus leais colegas conseguiram que todo o equipamento fosse guardado em outro lugar e conservado. (Um exemplar sobreviveu e depois foi entregue à British Motor Heritage Trust em Gaydon.) Alec Issigonis foi posto de lado logo depois disso, ganhando a algo nebulosa função de diretor de pesquisa e desenvolvimento, e nunca mais teve influência nos projetos principais de Longbridge.

Abaixo: Se Alec Issigonis tivesse se dado bem, por volta da década de 1970 o Mini teria evoluído para o modelo de segunda geração codificado como 9x. A foto mostra o motor com árvore de comando de válvulas única no cabeçote proposto por ele em 1968, que tinha compartimento do motor ainda menor que o do Mini original.

Substitutos do Mini do início da década de 1970

Do final de 1972 até início de 1974, estudos para um "substituto do Mini Classic" foram feitos em paralelo com o ADO74 (que descrevo em seguida), que seria baseado em uma das plataformas do Mini – com distância entre-eixos de 2.032 mm (sedã) ou de 2.133 mm (perua) – e com novo estilo de carroceria com três portas. Sete diferentes estágios de desenvolvimento foram estudados, os esquemas crescendo gradualmente de 3.048 mm para 3.175 mm no comprimento total e de 1.419 mm para 1.498 mm na largura.

Seriam usados novos painéis na parte externa da carroceria (era uma renovação visual clássica), para incluir vidros laterais curvos, tanto nas portas quanto nas janelas traseiras, tudo para obter um interior com uma configuração mais generosa.

Todos os esquemas mantiveram a configuração do Mini existente de motor da série A/transmissão, mas com radiador montado na dianteira. Inicialmente, foram mantidos os subchassis existentes do Mini, mas, em vez disso, esquemas posteriores usaram a suspensão traseira dos ADO67/ Austin Allegro.

Nenhum protótipo foi construído.

ADO74: um Mini maior

A tentativa seguinte deu-se no começo dos anos 1970. O projeto ADO74 foi imaginado como um carro um pouco maior, para substituir os Minis mais recentes de frente longa – os Minis Clubman e 1275GT.

De junho de 1972 a março de 1974, grande esforço de estilo e de engenharia foi dispendido. Projetados para ter o novo motor da série K com comando de válvulas no cabeçote (mas não era a mesma série K comercializada no fim dos anos 1980, que havia evoluído da série H anterior), os protótipos dos motores rodaram 40.000 km em testes de estrada e oitocentas horas em banco de provas.

O ADO74 era maior até do que o Mini Clubman de frente longa. Nesse projeto, o motor da série K de oito válvulas/comando de válvulas no cabeçote deslocaria 1.100 cm³ ou 1.300 cm³, seria montado transversalmente e inclinado de forma bem acentuada em direção à parede de fogo do passageiro, com uma unidade câmbio-diferencial de cinco marchas atrás dele. O novo carro teria distância entre-eixos de 2,23 m, com suspensão dianteira McPherson e suspensão traseira independente com mola helicoidal.

O ADO74 progrediu até a modelagem em argila e os desenhos da configuração interna: uma única carroceria foi construída, vazia, sem equipamento nenhum. Um tema de estilo tinha sido escolhido e o desenvolvimento da engenharia estava para começar quando, em março de 1974, constatou-se que seriam necessários 130 milhões de libras para colocar o novo carro e motor em produção – como a British Leyland não tinha esse dinheiro, o projeto foi cancelado.

Comparação entre o ADO74 e o Mini de frente curta

Item	ADO74	Classic Mini
Comprimento (mm)	3.505	3.054
Distância entre-eixos (mm)	2.235	2.035
Largura (mm)	1.562	1.397
Altura (mm)	1.320	1.346
Bitola dianteira (mm)	1.320	1.203
Bitola traseira (mm)	1.320	1.165
Diâmetro da roda (pol)	12	10

Conversões de comando de válvulas no cabeçote

Série A: Em meados da década de 1970, a fim de minimizar o custo de investimento no novo motor, foram desenvolvidas, no envelhecido motor da série A, conversões para árvore de comando de válvulas no cabeçote. Eram disposições simples, verticais, de oito válvulas, com cabeçotes em alumínio, o acionamento do comando de válvulas por correia dentada.

Três tamanhos de motor foram propostos – 970 cm³, 1.097 cm³ e 1.275 cm³ –, desenvolvidos na forma de protótipos, a potência no dinamômetro sendo 59 cv (970 cm³) a 84 cv (1.275 cm³). Foram completadas 2.000 horas de bancada de teste, junto com 3.500 km em vários carros de teste.

Série E de três cilindros: O convencional quatro-cilindros da série E era um modelo com comando de válvulas no cabeçote, usado nos modelos Austin Maxi (a partir de 1969) e Allegro (a partir de 1973), com válvulas de admissão e escapamento ligeiramente inclinadas, impulsionadas por alavancas. Visando a uma configuração aprimorada e menos peso, variedades de três cilindros foram investigadas em 1975 – um 1.750-cm³ "quatro", portanto, passando a ser um 1.300-cm³ "três".

Estudos mostraram que motores de 970 cm³ e 1.300 cm³ de três cilindros com certeza podiam ter sido refinados e teriam sido pequenos o bastante para, em um novo modelo, serem combinados com a desejada caixa de câmbio acoplada em linha.

Infelizmente, essas versões modificadas não interessaram e foram abandonadas.

Mini Metro

Lançado em 1980, rotulado com o emblema de Rover em 1994 e descontinuado no final de 1988, o Mini Metro foi o primeiro "substituto do Mini" a chegar ao mercado – mas o Mini de Issigonis sobreviveu a ele.

Logo depois que o ADO74 foi cancelado, um sucessor começou a ser projetado. Porém, dessa vez o motor/transmissão existentes tinham que ser mantidos. Com Charles Griffin no comando técnico geral de tais projetos, o novo ADO88 foi iniciado. A indicação de Griffin para o ADO88 é que fosse um pouco mais longo que o Mini-Clubman de frente longa. Com distância entre-eixos de 2,23 m, deveria ser um hatchback de duas portas, com uma configuração de bancos no interior que fosse o mais espaçosa possível. Quando chegou ao mercado, o Mini Metro tinha 3.403 mm de comprimento, 355,6 mm mais longo que o Mini clássico.

Durante muito tempo, o lançamento foi planejado para outubro de 1978, mas acabou ocorrendo em 1979. O estilo original mudou pouco ao longo dos anos – mas em 1977/1978 uma nova mudança na direção da empresa acabou determinando que o estilo ficasse mais arredondado, e foi assim que ele se tornou o LC8.

Embora a ideia fosse reutilizar os trens de força existentes (motores da série A, com opção de câmbio manual ou automático), tanto a suspensão de cone de borracha quanto a Hydrolastic foram descartadas, em favor de um novo sistema Hydragas.

Em fevereiro de 1976, depois que o estilo foi aprovado, 34 protótipos chegaram a ser construídos antes de Sir Michael Edwards se tornar presidente executivo da British Leyland, por conta de uma manobra política. Uma das primeiras medidas foi revisar o estilo do ADO88. Para não incorrer em grandes prejuízos (a ferramentaria de muitos painéis principais da carroceria já tinha começado), decidiu-se por refazer a parte visual, trabalho que foi concluído em apenas seis semanas. No processo, o ADO88 se transformou no LC8 e o lançamento público foi marcado para outubro de 1980.

A essa altura, a diretoria estabeleceu que afinal o LC8/"Mighty Mini" não devia substituir todos os Minis. Como o Mini clássico ainda estava vendendo 200.000 unidades por ano, decidiu-se mantê-lo em produção. O "Mighty Mini" (que logo seria batizado de Mini Metro) seria montado em Longbridge, substituiria os modelos Mini Clubman/1275GT e conquistaria o seu próprio nicho.

Novas instalações de produção de carrocerias foram erguidas em West Works, com a entrega de carrocerias sendo feita por transportadores aéreos, e novas linhas de montagem foram preparadas, para produzir até 6.500 carros por semana. Quando o Mini Metro começou a rodar, mais de 300 milhões de libras tinham sido gastas (mais do que o ADO74 teria custado), mas, no decorrer do processo, uma inflação rampante tinha tornado as comparações sem sentido.

O jogo do Mini Metro funcionou bem. Em 1981, a fábrica reformada de Longbridge já estava produzindo 3.000 Metros por semana, e esse número acabaria chegando a 4.500.

Mas o velho dilema persistia – como substituir o Mini. O Metro era um sucesso persistente, mas não podia substituir o Mini em si: como resultado, as vendas combinadas subiram. Em 1979, 165.500 Minis clássicos tinham sido produzidos, mas, em 1981, 235.750 unidades de Metros e Minis foram fabricadas, tendência essa que continuou subindo.

Inevitavelmente, o Metro tirou muitas vendas do Mini. Os dois carros ficavam lado a lado nos salões de venda e os clientes tinham que escolher entre os dois. Será que iam querer um Mini clássico – barato, pequeno, ousado, rápido, mas com visual começando a ficar ultrapassado? Ou será que iam preferir um Metro, de personalidade menos esportiva e inevitavelmente mais caro, mas também mais espaçoso, com uma prática traseira hatch, e interior mais versátil e de melhor qualidade?

Para aumentar essa diferença, a Rover (o nome da empresa que finalmente surgiu da quebra da British Leyland/BL/Austin-Rover) escolheu tornar o Metro mais sofisticado. Reformando a estrutura dianteira (em particular, alargando o compartimento do motor e as "pernas" do chassi que o abraçavam), ficou possível instalar o motor da série K com comando de válvulas no cabeçote do Rover 200, incluindo a transmissão R65 – em vez do velho motor da série A. Embora os preços britânicos tenham, portanto, disparado (em 1990, carros com motor da série A iam de 5.575 a 7.765 libras, ao passo que carros com motor da nova série K custavam entre 5.985 e 9.735 libras), esses carros eram significativamente melhores, o que deu a sensação de uma coisa toda mais madura.

Aquele avanço foi levado adiante (finalmente) em dezembro de 1994, quando, sob a tutela da BMW, o Metro passou por uma renovação visual e foi rebatizado de Rover 100, que foi como terminou sua carreira, em 1998.

Mini e Mini Metro: comparação entre 1980 e 1981

Item	**Mini 1000 Super**	**Mini Metro (998 cm³)**
Configuração	Sedã de duas portas	Hatch de três portas
Cilindrada	998 cm³	998 cm³
Potência (cv a rpm)	39 a 4.750	44 a 5.250
Comprimento total	3.054 mm	3.403 mm
Largura	1.397 mm	1.546 mm
Distância entre-eixos	2.035 mm	2.251 mm
Peso	626 kg	715 kg
Velocidade máxima	120,7 km/h	144,8 km/h
0-96 km/h	18,7 s	18,9 s
Preço no Reino Unido	3.031 libras	3.095 libras

À esquerda: Lançado em outubro de 1980, o Mini Metro foi concebido para substituir o Mini, mas isso não aconteceu, e o Mini sobreviveu a ele.

Posfácio

Quando a produção do Mini clássico foi afinal interrompida, em outubro de 2000, não havia o menor perigo de o carro cair no esquecimento. A marca tinha se tornado imortal bem antes disso (particularmente depois do emblema "Cooper" ser relançado), tinha assumido força própria e estava quase destinada a ser eterna.

Mas era uma marca, e uma linha, que tinha sido negligenciada sem pudor nas décadas de 1970 e 1980: nos anos 1990, quando a Rover resolveu tentar de novo, era tarde demais para restabelecer o Mini como campeão de vendas – era possível apenas mantê-lo rodando até que a marcha do tempo, novas leis impeditivas ou um novo modelo o forçassem a se aposentar.

Bem antes do fim do Mini, vários clubes brotaram no Reino Unido, na Europa, no mundo todo, reunidos em torno de exemplares únicos, modelos únicos, ou até baseados em determinada região, com o objetivo de prover manutenção para os Minis. No Reino Unido, no ano 2000 havia clubes nacionais como o Mini-Cooper Register, os que prestavam serviço para modelos individuais como o Moke, os que atendiam pessoas que viviam perto de determinada cidade pequena ou grande e até organizações que cuidavam de carros de competição que pertenciam à fábrica.

Alguns desses clubes tinham vocação clara para o automobilismo, porque, embora não se fabriquem mais Minis clássicos novos, há uma próspera indústria artesanal que dá apoio à construção de carros de corrida, de rallycross, testes automobilísticos e ralis históricos.

Abaixo: Com rodas de liga metálica estilo Minilite, este Mini tem visual superelegante mesmo em idade avançada. Os aficionados vêm preservando dezenas de milhares de Minis século XXI adentro.

Isso quer dizer que não falta companheirismo para quem deseja continuar tendo e mantendo um Mini. A título de exemplo, digitei em um site de busca as palavras "Mini Clubs" e o buscador retornou milhões de resultados. Opção é o que não falta. Se a pessoa quiser outra fonte, pode pegar uma dessas revistas sobre Mini e olhar a Lista de Clubes, publicada regularmente.

Em 2006, duas revistas bem conhecidas no Reino Unido – a *Mini Magazine* e a *Mini World* – prestavam serviço exclusivamente para esse carro, e na América do Norte a revista *MC Squared* (que trata de modelos MINI clássicos e modernos) construiu sua reputação rapidamente. Outras publicações, em outros continentes, também contribuem na prestação desses serviços.

Como foram produzidos 5,4 milhões de Minis, contando todos os modelos, sempre houve um saudável mercado de peças de reposição, situação que os computadores dos fornecedores anteciparam que iria perdurar por anos. Na década de 1980, houve um período de dificuldade na obtenção de carrocerias e peças de acabamento, mas esse processo foi revertido ao longo da década de 1990.

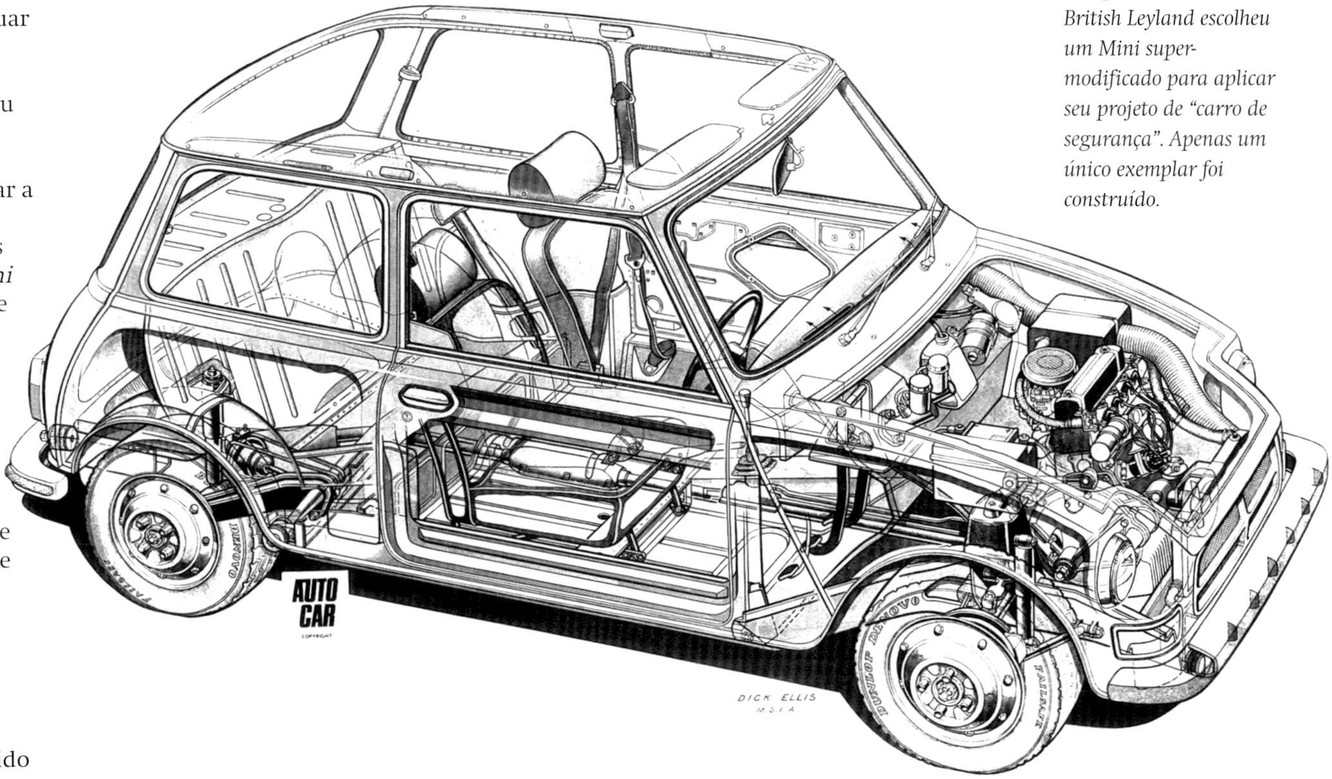

À esquerda: Em 1974, a British Leyland escolheu um Mini super-modificado para aplicar seu projeto de "carro de segurança". Apenas um único exemplar foi construído.

À esquerda: Em 1981, o Mini estava prestes a ser substituído pelo Metro, mas uma linha completa continuou sendo vendida, incluindo uma das últimas peruas de frente Clubman.

À direita: A maioria dos Minis tinha frente com o mesmo estilo "arrebitado". Quanto à pintura, ao longo dos anos a variedade de cores disponíveis cresceu enormemente. Este Mk III foi um dos últimos Mini-Cooper 1275S sedãs de 1971.

No caso das peças de acabamento, com tal parque circulante, havia uma demanda para réplicas ou peças originais, logo suprida.

Mais recentemente, na década de 2000, a organização British Motor Heritage (uma vez já controlada pela BMW, mas depois de uma compra de controle acionário, novamente uma organização independente), conseguiu fornecer painéis novos, feitos em ferramental de estamparia original, e até carrocerias completas.

Hoje em dia é tão abundante a provisão de motores da série A, as peças do motor, a competência em incrementar motores e a transmissão de conhecimento que acompanha essas coisas todas, que o problema é conseguir escolher – o que não é fácil para um novato, por exemplo. Mais de 20 milhões de motores da série A de todos os modelos foram produzidos

À esquerda: Em vinte anos (1966 a 1986), a silhueta do Mini (e das garotas bonitas) mudou muito pouco.

Acima: Não é difícil restaurar um Mini hoje em dia, porque a maioria dos painéis de aço para reposição existe no mercado – o que pode atrasar são os pequenos detalhes, como essa faixa decorativa de imitação de madeira nas portas traseiras da perua Clubman.

À esquerda: A British Leyland achou que o Mini Metro substituiria o Mini, mas isso nunca aconteceu. Os dois carros, totalmente diferentes, coexistiram por quase vinte anos.

Abaixo: Ao longo dos anos, houve vários layouts diferentes de painel nos Minis. Este é o Innocenti Mini italiano de meados dos anos 1970.

para os modelos da BMC e da British Leyland de vários tipos, e, também, mais de 10 milhões de modelos de "câmbio dentro do cárter", de modo que a escassez é impensável.

Por outro lado, não há espaço para desenvolver ainda mais a potência do motor, porque toda a melhoria possível daquele cabeçote peculiar, sob qualquer forma, já foi feita anos atrás. Mais recentemente, declarações de avanços têm invariavelmente provado ser efêmeras.

Assim, os tradicionalistas deveriam mudar o foco, já que nos últimos anos vem crescendo o negócio de transplantar para o Mini motores mais robustos e mais potentes que o velho modelo da série A. Alguns Minis seguramente têm motores de mais de 200 cv, mas, invariavelmente, essa força vem de outras marcas, sendo que modelos pequenos da Ford, Honda e Vauxhall vêm provando ser os mais eficientes para isso.

Se há um carro que merece existir para sempre, esse carro é o Mini, em todas as suas formas. Com a ajuda de centenas de milhares de entusiastas que mantêm a fé, o sonho deles pode, quem sabe, ser realizado.

Índice remissivo